KB140162

탑파시리즈 ③

한국의 탑

보물편·하

탑파시리즈 ③

한국의 탑

보물편-하

김환대·김성태 지음

ksi 한국학술정보㈜

탑은 불교 조형물로서 신앙의 예배 대상물이다.

우리나라는 전국에 시대별로 다양한 양식의 탑이 있다.
주로 석탑이 많이 조성되어 석탑의 나라라 할 만큼 화강
암 석탑이 지역별로 독특한 문화를 꽃피웠다.

이 책은 한국의 탑 국보 편에 이어 보물로 지정된 탑
중에서 서울과 인천, 제주도, 경기, 충청, 전라도 지역을
중심으로 엮은 것이다.

탑 속에서 출토된 사리 관련 장엄구가 있으면 같이 알
아보기 쉽게 정리하였고, 내용 설명은 간략하게 일반적
인 사항들만 하였다.

기존 책들은 발행된 지 오래된 것이 많아 문안들이 현
재 맞지 않는 부분과 탑의 위치와 형태도 일부 달라져
있어 새롭게 구성하였다.

　여러 차례의 현장답사와 주변 발굴이나 정비로 인하여 변화된 사항 및 최근의 연구 결과와 성과를 바탕으로 정리하였다.

　전국의 많은 탑 중 보물급 탑만으로 한정하여 정리하다 보니 한 가지 아쉬운 점은 지방 문화재와 비지정 탑들은 제외되었다. 이는 추후 여건이 된다면 각 지역의 이런 문화재들도 정리하고자 한다. 오랜 기간에 걸쳐 작업된 만큼 앞으로 탑을 찾아 공부하고자 하는 이들은 물론 일반 독자 여러분들에게도 도움이 되어 부족한 점이 많지만 자료로서 인용되는 그런 책이 되길 바라며, 우리 문화재를 아끼는 분들과 함께하길 바란다. 끝으로 이 책이 나오기까지 도움을 주신 출판사 관계자 및 주위 여러분들께 고마움을 표한다.

2009년 3월

김환대 · 김성태

일러두기

1. 이 책은 한국의 보물 중 탑을 대상으로 선정하였다.
1) 2009년 2월 현재 지정된 보물 157점 중 서울·인천 제주·경기도·충청도·전라도 지역의 73기의 탑을 중심으로 설명하였다.
2) 각 지역별로 정리하여 지정 순번과는 차이가 있다.
3) 탑의 명칭은 문화재 지정 명칭을 사용하였다.
4) 옮겨진 탑들은 최근 소재지를 표기하였다.

2. 문안 내용은 현장에 설치된 문화재 안내문과 여러 참고문헌을 통하여 최근 연구 성과를 중심으로 구성하였다.

3. 설명이 기존 책과 일부 다른 것은 현장 확인을 통해 달라진 사항들이 반영된 것이다.

4. 사진은 최근 현장에서 촬영한 것을 사용하였다.

차 례

서울특별시·인천광역시 15

제주도·광주광역시 29

경기도 37

충청북도 55

충청남도 83

전라북도 119

전라남도 139

서울특별시 · 인천광역시

서울 홍제동 오층석탑
弘濟洞五層石塔

보물 제166호

소재지 서울특별시 용산구 용산동 6가 168-6
국립중앙박물관

이 탑은 원래 사현사(沙峴寺)의 옛터에 있던 것으로, 시가지 확장을 하면서 1970년 경복궁으로 옮겼다. 현재는 국립중앙박물관에 다시 옮겨 놓았다. 자연석이 기단(基壇)을 대신하여 5층 탑신(塔身)을 받치고 있는데 이것은 후대에 보수한 것이다.

탑신부(塔身部)는 몸돌과 지붕돌이 각각 한 돌로 되어 있다. 1층 몸돌에는 아무런 장식이 없고, 2층 이상은 기둥모양을 새겨 한 면을 둘로 나누고 그곳에 문짝으로 보이는 네모난 액자형을 표시하였다.

각 층의 몸돌은 전체적으로 위가 좁고 아래는 넓어 목조건축을 모방하려 한 의도가 엿보인다. 지붕돌은 넓고 얇은 편이며 처마는 수평으로 펼쳐지다가 양끝으로 살짝 치켜 오르면서 두꺼워졌다. 현재 상륜부(相輪部)는 없어지고 모두 없어져 보이지 않는다.

사현사는 칠장사 혜소국사비(보물 제488호)의 비문에 의하면 고려 정종 12년(1045)에 창건된 것이 확인되어 이 탑도 절을 창건할 당시에 만들어진 것으로 추정된다.

영전사지 보제존자 사리탑

今傳寺址普濟尊者舍利搭

보물 제358호

소재지 서울특별시 용산구 용산동 6가 168-6
국립중앙박물관

이 석조물은 고려 우왕 14년(1388)에 세운 것으로, 고려 후기 승려인 보제존자(1320~1376)의 사리탑이다. 모두 2기로 1915년 일본인에 의해 원성군 절터에서 (구)국립중앙박물관으로 옮겨 세워졌는데, 일반적인 사리탑 형태와는 달리 석탑 형식을 취하고 있다. 편의상 오른쪽을 주탑(主塔), 왼쪽을 동탑(東塔)으로 구분하여 부른다.

이중 기단(基壇) 위에 3층의 탑신(塔身)을 올린 형태로 상층·하층기단에 우주(隅柱)를 새겼고, 상층 기단 윗면에는 몸돌을 받치기 위한 별석을 끼웠다. 탑신부(塔身部)는 몸돌과 지붕돌이 각각 하나의 돌로 이루어져 있고, 몸돌에는 모서리마다 우주(隅柱)가 새겨져 있다. 지붕돌은 밑면의 층급받침이 4단씩이다. 2기 가운데 1기의 1층 지붕돌은 양식상 차이가 있어 원래 이 탑에 속하였던 것인지 확실히 알 수 없다. 상륜부(相輪部)는 완전하게 남아 있지 않다. 보제존자는 경기도 여주 신륵사에서 입적한 나옹화상(懶翁和尙)으로, 신륵사에 그의 석종형 부도(浮屠 보물 제228호)가 남아 있으나 제자들에 의해 영전사에도 따로 사리탑을 세운 것이다. 탑을 지금의 자리로 옮길 당시에 각각의 탑에서 사리를 두는 장치가 발견되었는데, 그중 한 탑에서는 죽은 사람에 관해 새긴 지석(誌石)이 발견되었다.

전 문경 오층석탑
傳聞慶五層石塔

보물 제580호

소재지 서울특별시 성북구 성북동 97-1 간송미술관

이 탑은 원래 경북 문경시 관음리에 있었던 것으로 전하며, 일본인들이 다른 곳으로 옮겨 가려는 것을 고(故) 전형필(全鎣弼) 선생이 이를 수습하여 현재의 자리에 세워 놓은 것이다. 이중 기단(基壇) 위에 5층의 탑신(塔身)을 올려놓은 모습이다.

하층 기단의 면석에는 간단한 안상(眼象) 무늬를 움푹 들어가게 새기고, 상층 기단에는 우주(隅柱)와 탱주(撐柱)를 새겼다.

탑신부(塔身部)는 몸돌과 지붕돌을 각각 하나의 돌로 쌓았는데, 각 층의 몸돌마다 네 모서리에는 우주(隅柱)를 새겼으며, 1층의 남쪽 면에는 자물쇠 모양의 조각이 있다. 지붕돌은 밑면 층급받침이 1층부터 4층까지는 4단이고, 5층은 3단으로 줄어들어 5층 지붕돌은 본래 제짝이 아니고 다른 곳에서 옮겨온 것으로 보인다.

상륜부(相輪部)는 노반(露盤)과 복발(覆鉢)이 남아 있다. 전체적인 조각 수법으로 보아 고려시대 초기 석탑으로 추정된다.

창경궁 내 팔각 칠층석탑
昌慶宮內八角七層石塔

보물 제1119호

소재지 서울특별시 종로구 와룡동 2-71 창경궁

이 탑은 창경궁 안의 연못 옆에 있으며, 8각 평면 위에 7층의 탑신(塔身)을 세워 올린 모습이다.

기단부(基壇部)는 3단의 바닥돌 위로 높직한 1단의 기단이 올려진 모습인데, 면마다 조각으로 가득 차 있다. 바닥돌은 4각으로 밑단을 두고 그 위로 2단의 8각 바닥돌을 두었는데, 8각의 면마다 안상(眼象)을 얕게 새겼다. 기단과 닿는 곳에는 1단의 연꽃받침을 놓았으며, 기단은 면마다 꽃무늬를 새겨 두었다. 기단의 맨 윗돌 역시 연꽃무늬와 안상을 장식하였고, 그 위로 높직한 연꽃 괴임돌과 2단의 낮은 괴임대를 두어 1층 몸돌을 받치도록 하였다.

1층 몸돌에는 4행의 명문(銘文)과 1행의 조성연대가 새겨져 있다.

"요양중(遼陽重), 개산도(開山都), 강연옥(綱挺玉), 암

수탑(巖壽塔)"

"대명성화육년경인세추칠월상한길일조(大明成化六
年庚寅歲秋七月上澣吉日造)"

이 기록으로 보아 이 탑이 조선 제9대 성종 원년
(1470)에 세웠음을 알게 되었다. 7층에 이르는 탑신의 1
층 몸돌은 높고 볼록한 모습이다. 2층부터 낮아지며 지
붕돌은 목조건축의 지붕처럼 기왓골이 표시되어 있다.
상륜부(相輪部)는 후대에 보충한 것이다.

강화 하점면 오층석탑
江華河岾面五層石塔

보물 제10호

소재지 **인천광역시 강화군 하점면 장정리 산193**

이 탑은 원래 무너져 있던 것을 1960년 수리하여 다시 세운 것이다. 현재 3층 이상의 몸돌과 5층의 지붕돌, 상륜부(相輪部) 등이 모두 사라진 상태이다. 단층 기단 위에 5층의 탑신(塔身)을 올린 모습이다. 기단의 네 모서리에는 우주(隅柱)를 새겼다. 탑신부(塔身部)는 1층 몸돌만 두 장의 돌로 짜여 있고, 그 이상은 각각 하나의 돌이다. 1층 몸돌의 크기에 비해 2층 몸돌의 크기가 급격히 줄어들어 있다.

지붕돌은 밑면에 층급받침이 1층은 4단, 나머지 층은 3단이며, 추녀 밑은 반듯하다가 네 귀퉁이에서 살짝 치켜 올려져 있다.

전체적인 형태와 조각 수법으로 보아 통일신라 석탑의 양식을 이어받은 작품으로 고려시대 후기에 만들어진 것으로 추정된다.

제주도 · 광주광역시

불탑사 오층석탑
佛塔寺五層石塔

보물 제1187호

소재지 제주특별자치도 제주시 삼양1동 696

이 탑은 원당사(元堂寺)의 옛터에 세워져 있다. 원당사는 조선 중기에 화재로 폐사되었고, 1950년대 이후 절터에 새로이 지어진 불탑사가 대신 자리 잡고 있다. 단층의 기단(基壇) 위에 5층의 탑신(塔身)을 올리고, 상륜부(相輪部)를 갖춘 모습이다. 기단에는 세 면에 안상(眼象)을 얕게 새겼는데, 무늬의 바닥선이 꽃무늬처럼 솟아나도록 조각하였다.

탑신의 1층 몸돌 남쪽 면에는 감실(龕室)을 만들어 놓았다. 지붕돌은 윗면의 경사가 그리 크지 않지만, 네 귀퉁이에서 뚜렷하게 치켜 올려져 있다. 상륜부(相輪部)는 후대에 보충한 것으로 보인다. 전체적인 형태와 조각 수법으로 보아 고려 후기에 만들어진 것으로 추정된다. 이 탑의 모형은 제주 여러 군데 제작되어 있다.

광주 서오층석탑

光州西五層石塔

보물 제109호

소재지 **광주광역시 남구 구동 16-2**

이 탑은 광주공원 안에 있는 석탑으로 이 부근은 성거사(聖居寺) 터라고 전해진다. 이 광주공원은 원래 성거산(聖居山)이라 불렀는데, 산의 모양이 거북처럼 생겼으므로 광주를 떠나지 못하도록 등 위치에는 성거사를 세우고 거북의 목 부근에는 이 5층 석탑을 세웠다고 한다.

단층 기단(基壇) 위에 5층 탑신(塔身)을 세운 모습으로, 전체적인 안정감이 느껴진다. 몸돌 전체를 아래위 2단으로 나누어 5개의 돌을 맞추고 있는데, 이러한 양식은 고려시대에 흔히 나타나는 특색이며 이 탑의 특징이라 할 수 있다. 지붕돌 밑면의 층급받침은 4단이고 각 귀퉁이는 아래위 모두 약간씩 치켜 올려진 상태이다. 상륜부(相輪部)는 현재 모두 없어졌다. 1961년 해체하여 보수할 때 2층 몸돌에서 사리공(舍利孔)과 사리장엄구가 발견되어 현재 국립광주박물관에 소장되어 있다. 1층 몸

돌과 3층 몸돌은 보수할 당시에 보충한 것이다. 전체적
인 조각 수법으로 보아 고려시대 초기 탑으로 추정된다.

사리장엄구(국립광주박물관 소장)

　　사리장엄구의 전체적인 형태를 살펴보면 화려한 금동
전각 모양에 각 사면에는 사천왕상(四天王像)을 세우고
지붕에는 연꽃을 조각하고 네 모서리 끝에는 풍탁(風鐸)
을 걸어 놓아서 화려함을 더하고 있다. 불단에는 안상(眼
象)을 새기고 가운데 연꽃 받침 위에 은제 사리그릇(舍
利壺)을 올려놓았고, 사방에는 보살 입상을 세워 놓았다.

광주 동오층석탑
光州東五層石塔

보물 제110호

소재지 광주광역시 동구 지산동 438-2

이 탑은 현재 연화사 유치원(연화 어린이집) 앞에 있으며, 이 부근은 백주사(栢州寺) 혹은 백천사(栢川寺) 터로 알려져 있다. 이중 기단(基壇) 위에 5층 탑신(塔身)을 세운 형태이다. 기단부에는 탱주(撐柱)와 우주(隅柱)가 새겨져 있다. 탑신부(塔身部)는 몸돌과 지붕돌이 각각 하나의 돌로 이루어졌다. 몸돌에는 네 모서리에 우주(隅柱)가 새겨져 있다. 지붕돌 밑면의 층급받침이 1층은 5단이며, 2층부터는 4단으로 간략화되어 나타난다. 상륜부(相輪部)는 노반(露盤)과 복발(覆鉢)이 남아 있다. 전체적인 조각 수법으로 보아 통일신라 전기의 석탑으로 추정된다. 1955년 해체·수리할 때 4층 지붕돌 윗면에서 사리장치(舍利裝置)가 발견되었으나 현재 행방을 알 수 없으며, 1961년에 다시 수리를 하여 일부 석재를 보완하였다.

경기도

안성 죽산리 오층석탑

安城竹山里五層石塔

보물 제435호

소재지 경기도 안성시 죽산면 죽산리 148-5

이 탑이 있는 곳은 고려시대 큰 사찰이었던 봉업사(奉業寺)의 옛터로 전한다. 단층 기단(基壇) 위에 5층의 탑신(塔身)을 올린 모습이다.

기단은 하나로 짠 두툼한 널돌 위에 올려 완성하였고, 희미하게 우주(隅柱)가 남아 있다. 갑석 위에 몸돌은 1층 몸돌만 4장으로 이루어졌고 나머지는 한 돌로 구성하였다. 1층 몸돌 남쪽 면 중앙에는 네모난 감실(龕室)을 만들어 놓았다. 지붕돌은 얇고 추녀는 거의 수평을 이루었고 밑면에 5단의 층급받침을 두었다. 상륜부(相輪部)는 현재 모두 없어졌다. 조각 수법으로 보아 고려시대의 작품으로 추정된다.

경기도 박물관에 의해 1997년과 2000년에 발굴 조사가 실시되어, 당시 준풍명(峻豊銘) 기와 등 명문 기와와 막새, 청자, 중국 자기들이 다량으로 출토되었다. 현재

주변에는 죽산리 당간지주(경기도 유형문화재 제89호)가
남아 있다.

광주 춘궁리 오층석탑
廣州春宮里五層石塔

보물 제12호

소재지 **경기도 하남시 춘궁동 466**

　이 탑은 이중 기단(基檀) 위에 5층의 탑신(塔身)을 올린 형태이다. 기단의 지대석은 땅에 묻혀 드러나지 않았고, 하대 중석이 드러나 보이고 있는데 여러 장의 판석으로 이루어져 있다. 상대 중석 역시 여러 장의 판석으로 되어 있는데, 네 귀퉁이에 우주(隅柱)를 새기고, 각 면에는 탱주(撑柱)를 얇게 표현하였다.

　이 탑의 특징은 탑신부(塔身部) 몸돌에 있다. 보통은 한 개의 네모난 돌로 몸돌을 삼는데, 이 탑은 첫 층 몸돌이 2단이며, 아랫단을 4개의 네모난 돌로 두고, 그 위에 1장의 돌을 얹어 놓았다. 2층 이상의 몸돌은 각각 1매의 돌로 이루어졌으며, 각 층 모두 우주(隅柱)를 새겼다.

　지붕돌은 1·2·3층은 판석 4장, 4층은 판석 2장, 5층은 판석 1장으로 되어 있다. 모두 15매의 판석으로 되어 있고, 몸돌의 수도 9매로 홀수를 나타내고 있다. 밑면은

1층은 5단, 2~4층은 4단, 5층은 3단의 받침을 두었다. 상륜부(相輪部)는 노반(露盤)만 남아 있다.

각 부분의 탑신 비례와 지붕돌의 조각 수법으로 보아 고려시대 초기에 만들어진 것으로 추정된다. 절터의 이름은 알려져 있지 않았으나 1988년 발굴 조사 과정에서 동사(桐寺)라는 명문(銘文) 기와가 출토되어 이 절의 이름이 동사임을 알게 되었다.

광주 춘궁리 삼층석탑
廣州春宮里三層石塔

보물 제13호

소재지 경기도 하남시 춘궁동 465

이 탑은 춘궁리 오층석탑 동쪽에 서 있다. 이중 기단 (基壇) 위에 3층의 탑신(塔身)을 올린 모습이다.

하층 기단의 면석(面石)과 갑석(甲石)은 여러 장의 석 재로 구성되었고, 특히 일부 보수되었지만 각 면에 3구 의 안상(眼象)이 새겨져 있다. 상층기단 각 면에는 우주 (隅柱)와 탱주(撑柱)를 하나씩 조각하였다. 갑석에는 얕 은 부연(副椽)이 있고 2단의 각형으로 된 받침을 두었다. 탑신부(塔身部)는 몸돌과 지붕돌이 각각 하나의 돌로 구 성되어 있고, 몸돌에는 우주(隅柱)가 새겨져 있고 별다른 장식은 없다.

지붕돌은 층급받침이 1층과 2층은 5단, 3층은 4단으로 줄어들었고, 낙수면은 기울기가 완만하며, 전각은 반전이 뚜렷하다. 모서리에는 풍탁(風鐸)을 단 작은 구멍이 있 다. 상륜부(相輪部)는 모두 없어졌다. 전체적인 조각 수법으로 고려 초기에 만들어진 작품으로 추정된다.

1966년 보수공사를 실시할 때 하층기단 중심부 안에서 곱돌(납석제)로 만든 소탑(小塔) 29기, 금동불 1구, 동상 1구, 납석제 불좌상, 금동삼화형 뚜껑 등이 출토되었다. 주변은 1988년 동국대학교박물관에 의해 발굴, 조사되었는데, 발굴 과정에서 동사(桐寺)라는 명문(銘文) 기와가 출토되어 이 절의 이름이 고려시대 동사임을 알게 되었다.

여주 창리 삼층석탑
驪州倉里三層石塔

보물 제91호

소재지 **경기도 여주군 여주읍 창리 136-6**

　　이 탑은 원래 창리 지역 옛 절터에 있던 것을 1958년 현재의 영월루(迎月樓) 아래 공원으로 옮긴 것이다.

　　이중 기단(基壇) 위에 3층의 탑신(塔身)을 올린 형태이다. 하층 기단의 4면에는 안상(眼象)이 2구씩 새겨져 있고, 귀꽃모양처럼 솟아올라 있는 조각이 있다. 기단 맨 윗돌에는 16엽의 복련(覆蓮)을 조각해 둘러놓았다. 기단석에는 우주(隅柱)와 탱주(撑柱)가 표현되어 있지 않다.

　　탑신부(塔身部)는 몸돌과 지붕돌이 각각 하나로 조성되었다. 1층 몸돌만 하나의 돌을 사용하였고, 이후 지붕돌부터는 위층의 몸돌과 하나로 이루어져 있다. 지붕돌 밑면의 층급받침은 3단이며, 추녀는 매우 두꺼워 보인다. 각 부분의 조각 수법으로 보아 고려 중기 이후에 세워진 것으로 추정된다. 석탑 해체 때 1층 몸돌 상면에서 16.7 × 10cm, 깊이 3cm의 얕은 사리공(舍利孔)이 발견되었으나

사리장치는 없어졌고, 하대석 밑에서는 높이 **4.4cm**의 동
제 여래좌상이 발견되었다.

여주 하리 삼층석탑

驪州下里三層石塔

보물 제92호

소재지 경기도 여주군 여주읍 창리 136-6

이 탑은 원래는 하리 지역의 옛 절터에 있던 것을 1958년 창리 3층 석탑과 함께 현재의 터인 영월루(迎月樓) 아래 공원으로 옮긴 것이다. 단층 기단(基壇) 위에 3층의 탑신(塔身)을 올린 모습이다. 지대석 위에 2단의 높직한 괴임을 각출하여 4매의 판석으로 조립되어 있다. 기단 면석 각 면에는 양쪽에 우주(隅柱)를 모각하였다. 탑신부(塔身部)는 몸돌과 지붕돌이 각각 하나로 이루어져 있다.

몸돌의 각 면 모서리마다 얕은 우주(隅柱)를 새겼다. 지붕돌은 밑면의 층급받침이 4단으로, 처마는 수평을 이루다가 양쪽 귀에서 위로 약하게 솟아 있다. 조각 수법으로 보아 고려 중기에 세워진 작품으로 추정된다. 탑을 옮길 당시 1층 몸돌에서 특이한 사리공이 발견되었으나 내용물이 남아 있지 않아 용도를 알 수 없다.

신륵사 다층석탑

神勒寺多層石塔

보물 제225호

소재지 경기도 여주군 북내면 천송리 282 신륵사

　　이 탑은 극락보전 앞에 있으며, 이중 기단(基壇) 위로 여러 층의 탑신(塔身)을 올린 모습이다. 기단에서부터 탑신부까지 전부 한 장씩의 돌로 이루어져 있다. 대리석으로 만들어져 특이하며, 상하의 갑석(甲石)에는 연꽃무늬를 조각하였다. 기단 면석(面石)에는 용무늬와 구름무늬를 조각하여 대리석의 느낌을 더욱 살리고 있다.

　　부재들로 보아 현재보다 층수가 더 많았을 것으로 추정되며, 상륜부(相輪部)는 작은 보개(寶蓋) 위에 철제 찰주(擦柱)가 있으나 나머지는 모두 없어졌다. 각 부분의 조각 수법으로 보아 고려시대 석탑 양식이 일부분 남아 있으나 신륵사 중창 때인 조선 성종 3년(1472)에 세워진 것으로 추정된다.

기단 면석(面石)에 새겨진 용무늬

기단 면석(面石)에 새겨진 용무늬

신륵사 다층전탑
神勒寺 多層塼塔

보물 제226호

소재지 **경기도 여주군 북내면 천송리 282 신륵사**

이 탑은 바위 위에 세워져 있으며, 이중 기단(基壇) 위
에 다시 2단으로 마련하고, 다시 3단의 계단을 쌓은 후
여러 층의 탑신(塔身)을 올린 형태이다. 탑신부(塔身部)
는 흙벽돌로 6층까지 쌓아 올렸는데, 그 위에 다시 몸돌
하나를 올려놓고 있다. 지붕돌은 밑면의 층급받침이 1·2·
3층은 2단, 4층 이상은 1단이며, 지붕돌 위로도 1층은 4
단, 2층 이상은 2단씩의 받침을 두었다.

탑의 북쪽에는 수리할 때 세운 비가 있는데, 거기에
'숭정기원지재병오중추일립(崇情紀元之再丙午仲秋日立)'
이라는 연대가 있다. 즉 조선 영조 2년(1726)에 다시 세
워진 것으로, 지금 탑은 만들 당시의 원래 모습에서 많
이 변형된 듯하다. 벽돌 일부에는 반원 안에 당초문(唐草
文)이 새겨져 있어 주목되며, 기단의 아래 중앙에는 하나
의 석재를 튀어 나오게 하여 묘(卯), 자(子), 오(午), 유

(酉) 등이 새겨져 있어 마치 십이지의 방위를 나타낸 듯
하다. 벽돌에 새겨진 무늬로 보아서는 고려 전기에 만들
어진 것으로 추정되나 이후 여러 차례 수리된 것으로 보
인다. 경기도 지방에서 축조된 전탑으로는 유일하여 주
목된다. 2006년 7월 보수되었다.

이 탑은 강을 타고 오고 가는 배들에서 잘 보일 수 있
는 등대 역할을 한 표시 탑이었다고도 한다.

벽돌 일부에 새겨진 반원 안에 당초문(唐草文)

기단 아래 중앙에 새겨진 방위 표시

충청북도

단양 향산리 삼층석탑

丹陽香山里三層石塔

보물 제405호

소재지 충북 단양군 가곡면 향산리 471-1

이 탑은 이중 기단(基壇) 위에 3층의 탑신(塔身)을 세운 형태이다. 기단은 여러 장의 길고 큰 돌로 바닥돌을 놓고 그 위에 쌓은 모습이며, 상층 기단과 하층 기단에는 우주(隅柱)와 탱주(撑柱)를 조각해 두었다. 갑석(甲石)은 두 장씩의 판석(板石)으로 되어 있다.

탑신부(塔身部)는 몸돌과 지붕돌이 각각 한 개의 돌로 구성되어 있다. 몸돌에는 모서리마다 우주를 조각해 두었고, 1층 몸돌에는 문짝 모양(門扉)을 새겨 놓았다. 중앙에는 직경 16cm, 높이 9cm 정도의 사리공(舍利孔)으로 추정되는 둥근 구멍이 있다.

지붕돌은 밑면의 층급받침이 층마다 4단이고, 지붕돌 위에는 2단의 괴임돌을 두었다. 지붕돌 윗면의 경사는 완만하며 네 귀퉁이는 선이 뚜렷하게 표현되었다. 상륜부(相輪部)는 노반(露盤)과 복발(覆鉢), 앙화(仰花), 보주

(寶珠)가 남아 있다.

1935년경 탑 속의 사리를 도둑맞으면서 허물어져 있던 것을 마을 주민들이 1940년경 다시 세웠다고 한다.

전체적인 비례와 조각 수법으로 보아 통일신라시대 후기 9세기 석탑으로 추정된다. 예전에는 주변에 석보암이라는 암자가 있었다고 한다.

사자빈신사지 석탑
獅子頻迅寺址石塔

보물 제94호

소재지 **충북 제천시 한수면 송계리 1002**

　이 탑은 이중 기단(基壇) 위에 4층의 지붕돌을 얹은 모습이다. 지대석 위에 네모난 돌이 놓여 있고, 상부에 두꺼운 테를 돌렸으며, 그 밑 각 면에 3개씩의 안상(眼象)을 새겼다. 안상 안에는 귀꽃모양이 새겨져 있다. 중대석의 4면에는 우주(隅柱)를 새기고, 이곳에 79자의 명문(銘文)이 새겨져 있어 고려 현종 13년(태평(太平) 2년, 1022)에 조성되었다는 연대를 알 수 있다.

　상층 기단의 중석은 네 귀에 네 마리의 각기 형상이 다른 사자를 앉혀 갑석(甲石)을 받치고, 중심에는 지권인(智拳印)을 한 비로자나불좌상을 배치하였는데, 특이하게 머리에 두건을 쓰고 있어 지장보살상으로 보기도 한다. 갑석의 위 네모진 면에는 16개의 연꽃잎이 새겨져 탑신부(塔身部)를 받치고 있다.

　탑신부는 몸돌과 지붕돌이 각각 한 개의 돌로 구성되

어 있는데, 1층 몸돌은 크고 2층부터는 급격히 작아졌다. 몸돌의 각 면 모서리에는 우주(隅柱)가 새겨져 있다. 지붕돌은 4층까지 남았는데 층급받침은 3단이다. 낙수면의 경사는 다소 완만하다. 상륜부(相輪部)는 모두 없어졌다. 명문을 통해 원래는 9층이었음을 알 수 있는 고려시대 중요한 이형 탑이다.

석탑 기단의 명문

佛弟子高麗國中州月 岳師子頻迅寺棟梁

奉爲 代代 聖王恒居萬歲天下大

平法輪常傳此界他方 永消怨敵後愚生婆娑

旣知花藏迷生卽悟正覺 敬造九層 石塔一坐永充供養

大平二年四月日謹記

제천 장락리 칠층 모전석탑

堤川長樂里 七層 模塼石塔

보물 제459호

소재지 **충북 제천시 장락동 65-2**

이 탑은 회흑색의 점판암을 사용한 것으로, 기단(基壇)
만은 점판암이 아닌 자연석으로 한 단을 마련하였으며,
그 위로 벽돌로 이루어진 7층의 탑신(塔身)을 올린 형태
이다. 1층의 네 모서리에는 점판암 대신 다듬은 화강암
을 기둥으로 세워 놓았다. 남쪽과 북쪽 면에는 감실(龕
室)을 설치하여 문을 달아 놓았는데, 현재 남쪽의 것은
없어졌다.

지붕돌은 경사면 위아래 모두 층급을 두었는데 1층에
서 3층까지는 8단, 그 위로는 7단의 층단형 받침을 표현
하였다. 네 귀퉁이에는 아래에 작은 구멍을 뚫어 풍탁(風
鐸)을 달도록 하였다. 상륜부(相輪部)는 현재 작은 노반
(露盤)만이 남아 있다.

1967년 해체하여 보수했는데, 5층 탑신부에서 비어 있
는 사리공이 확인되었고, 7층 지붕돌 윗면에서는 꽃무늬

가 조각된 청동조각이 발견되었다. 전체적인 조각 수법
으로 보아 통일신라 후기에 세워진 것으로 추정된다.

주변은 2008년 6월 충청대 박물관에서 발굴, 조사하였
는데, 석탑 서쪽의 담 터에서 통일신라 기와 등 유물이
출토되었다.

제천 신륵사 삼층석탑
堤川神勒寺三層石塔

보물 제1296호

소재지 충북 제천시 덕산면 월악리 803-5

이 탑은 이중 기단(基壇) 위에 3층의 탑신(塔身)을 올린 모습이다.

기단에는 탱주(撑柱)와 우주(隅柱)가 새겨져 있으며 하층 기단의 서쪽 면석에는 탱주(撑柱)가 표현되지 않았다.

탑신부(塔身部)는 몸돌과 지붕돌이 각각 하나의 돌로 이루어져 있고, 몸돌의 각 모서리에는 우주(隅柱)가 새겨져 있다.

지붕돌은 밑면의 층급 받침은 4단이며, 낙수면은 경사를 약하게 두었고, 네 귀퉁이에서 반전된 상태이다. 상륜부(相輪部)에는 노반(露盤), 복발(覆鉢), 앙화(仰花), 보륜(寶輪), 보개(寶蓋), 찰주(擦柱)등이 잘 남아있다. 조각수법으로 보아 통일 신라의 석탑양식을 계승한 고려 초기의 작품으로 추정된다.

1981년 4월 탑을 해체하여 복원할 때 기단 내부에서 소형 토탑(土塔) 108개와 2개의 사리함(舍利函) 조각이 발견되어 현재 국립청주박물관에 소장되어 있다. 단양 향산리 삼층석탑(보물 제405호)과 비교 연구 대상이 된다. 극락보전 초석 중에는 또 다른 석탑의 지붕돌 부재가 남아 있어 주목된다.

괴산 미륵리 오층석탑

槐山彌勒里五層石塔

보물 제95호

소재지 **충북 충주시 상모면 미륵리 56**

이 탑은 흔히 중원 미륵리 탑으로 불리며, 기단부(基壇部)는 아래 부분이 파묻혀 있어서, 정확히 확인할 수 없고, 드러난 부분은 네모난 하나의 돌로 조성되었다. 그 위로 기단의 맨 윗돌이 올려져 있다. 우주(隅柱)와 탱주(撑柱)는 생략되어 표현되지 않았다. 탑신부(塔身部)는 하나의 돌로 몸돌과 지붕돌을 각각 구성하였고, 1층 지붕돌은 2장으로 표현하였다. 각 층의 몸돌에는 몸돌의 넓이에 비하여 좁은 우주(隅柱)를 모서리에 새겼다.

지붕돌은 밑면의 층급받침이 5단이며 추녀가 짧아서 경사는 매우 급하며 전체적으로 안정감이 떨어진다.

상륜부(相輪部)는 노반(露盤)과 복발(覆鉢), 긴 찰간(擦竿)이 남아 있다. 전체적인 조각 수법으로 보아 고려시대에 세워진 것으로 추정된다. 주변에는 고려시대 석불입상과 석등이 남아 있다.

청원 계산리 오층석탑

清原桂山里五層石塔

보물 제511호

소재지 충북 청원군 가덕면 계산리 48

이 탑은 단층 기단(基壇) 위에 5층의 탑신(塔身)을 올린 모습이다.

기단은 가운데 돌이 서로 엇갈려 짜였으며 몸돌은 우주(隅柱)가 표현되지 않았고, 1층과 3층의 몸돌은 4장의 돌로 구성하였으며, 2층과 4·5층의 몸돌은 하나의 돌로 구성하였다.

지붕돌은 1·2층이 2장의 돌로 이루어져 있고, 3층 이상은 한 돌이다. 지붕돌은 아래 층급받침은 1·2층이 5단, 3·4층이 4단, 5층은 3단으로 갈수록 체감률이 줄어들었다. 낙수면은 경사가 심하다.

이 탑에서 주목되는 것은 기단이나 몸돌에 우주(隅柱)나 탱주(撑柱)가 생략되어 표현되지 않았다는 것인데 이곳의 지방적 특색으로 보인다. 전체적인 조각 수법으로 보아 고려 중기에 세워진 것으로 추정된다. 1971년 해체·

복원되었으며, 1998년 12월 청주대학교 박물관에 의해
지표 조사가 이루어져서 주변에서 기와편들이 수습되었다.

옥천 용암사 쌍삼층석탑
沃川龍岩寺雙三層石塔

보물 제1338호

소재지 충북 옥천군 옥천읍 삼청리 산 51-1 용암사

이 탑은 용암사 경내 사방이 한눈에 조망되는 오른쪽 낮은 언덕 봉우리에 있다. 산천비보(山川裨補) 사상에 의해 건립된 것으로 추정되며, 같은 모양의 석탑이 2기 있다. 이중 기단(基壇) 위에 3층의 탑신을 올렸다.

하층 기단은 여러 개의 지대석과 면석으로 구성되었으며, 갑석은 4매로 이루어졌다. 상층 기단부터는 1판석(板石)으로 구성되어 있고, 상대 갑석은 2판석으로 구성되고, 상부에 1단의 괴임이 표현되어 지붕돌을 받치고 있다. 1·2층 갑석은 너무 길게 세워져 조화를 잃은 듯해 보인다. 전체적으로 양식과 결구 수법은 매우 간략화되었다.

1층 몸돌에는 우주(隅柱)가 표현되어 있다. 지붕돌은 층급받침이 3단과 4단으로 되어 있고, 모서리에는 작은 구멍이 있어 풍탁(風鐸)을 달아 두었던 것으로 보인다.

서탑은 2·3층 몸돌이 결실되어 새로운 부재로 보충하였다.

상륜부(相輪部)는 노반(露盤), 복발(覆鉢), 보주(寶珠) 등이 남아 있으며 전체적인 조각 수법으로 보아 고려 중기의 작품으로 추정된다.

괴산 보안사 삼층석탑

槐山寶安寺三層石塔

보물 제1299호

소재지 충북 괴산군 청안면 효근리 385-2

보안사 인근 민가 내에 있는 이 탑은 단층 기단(基檀) 위에 3층의 탑신(塔身)을 올린 모습이다. 원래부터 3층인 지는 알 수 없으나 1942년 자료에는 지금의 형태로 남아 있다.

지대석 위에 기단은 우주(隅柱)가 새겨져 있고, 1층 몸 돌 남쪽 면에는 작은 감실(龕室)이 조각되어 있다. 이런 한 예는 국보 제48호 월정사 팔각구층석탑에서 보이고 있다. 충북지역 석탑 가운데 몸돌에 감실을 새긴 예가 드물어 주목된다. 2·3층 몸돌은 1층에 비해 줄어들어 체 감률을 보이고 있다. 지붕돌은 밑면 층급받침이 2단으로 줄어들고, 낙수면이 평탄하며 전각(轉角)이 약간 올라가 있다.

상륜부(相輪部)는 노반(露盤)만 남아 있다. 조각 수법 으로 보아 고려 중기에 조성된 것으로 추정된다.

영국사 삼층석탑

寧國寺三層石塔

보물 제533호

소재지 충북 영동군 양산면 누교리 1397 영국사

　이 탑은 영국사 대웅전 앞에 서 있으며, 이중 기단(基壇) 위에 3층의 탑신(塔身)을 올린 형태이다. 기단부는 상하층 여러 장의 판석으로 조립하였는데, 하층 기단에는 3개의 안상(眼象)이 상층 기단 면석에는 큰 안상(眼象)이 하나 조각되어 있어 눈길을 끈다.

　탑신부(塔身部)는 몸돌과 지붕돌이 각각 하나의 돌로 구성되어 있다.

　몸돌에는 모서리마다 우주(隅柱)를 새겨 놓았으며, 1층 몸돌 정면에는 자물쇠와 문고리까지 있는 문짝 모양이 조각되어 있다.

　지붕돌은 윗면의 경사가 완만하고 네 귀퉁이에서 살짝 치켜 올려진 상태이며, 밑면의 층급받침은 각 4단씩이다. 모서리에는 풍탁(風鐸)을 달았던 작은 구멍이 보인다. 3층 지붕돌 정면 중앙에는 찰주공(擦柱孔)이 남아 있다.

상륜부(相輪部)는 일부만 남아 있으나 모두 완전하게 별도로 보존되어 있다고 한다. 전체적인 조각 수법으로 보아 통일신라 9세기 후기의 작품으로 추정된다. 1942년 절터에서 조금 떨어진 곳에 있던 것을 이곳으로 옮겨 놓았다고 하며, 2005년 해체·보수되어 기단 면석 등 일부를 다시 복원하였다.

영국사 망탑봉 삼층석탑

寧國寺望塔峰三層石塔

보물 제535호

소재지 충북 영동군 양산면 누교리 산139-1 영국사

이 탑은 영국사에서 동쪽으로 약 500m 떨어진 곳의 망탑봉(望塔峰)이라는 작은 봉우리 정상에 있다. 커다란 화강암을 기단(基壇)으로 삼고 그 위로 3층의 탑신(塔身)을 올린 형태이다. 기단은 암석 윗면을 평평하게 하고 자연석을 그대로 이용하였다.

탑신부(塔身部)는 몸돌과 지붕돌이 각각 하나의 돌로 구성되어 있다.

몸돌에는 모서리마다 우주(隅柱)를 새겨 놓았으며, 1층 몸돌 정면에는 네모난 문짝 모양이 조각되어 있으며, 몸돌의 비례는 어색하다.

지붕돌은 몸돌에 비해서 넓고 낙수면의 경사가 완만하며, 추녀는 수평의 직선을 이루다가 끝에서 살짝 들려 있다. 밑면의 층급받침은 1층은 5단이고 2층과 3층은 4단이다. 상륜부(相輪部)는 보이지 않는다.

전체적인 조각 수법으로 보아 건립연대는 고려시대 중기로 추정된다. 전체 높이는 2.97m이며 2005년 주변 정비되었다.　일부에서는　산천비보사상(山川神補)에　의해 만들어진 것으로 보고 있다.

영동 반야사 삼층석탑

永同般若寺三層石塔

보물 제1371호

소재지 충북 영동군 황간면 우매리 151-1

이 탑은 원래 반야사 북쪽의 석천계곡에 있던 것을 1950년에 지금의 자리로 옮겨 온 것이라 한다. 지대석 위에 단층의 기단을 이루고 그 위에 3층의 탑신(塔身)을 올린 형태이다. 지대석은 모두 6매의 판석으로 구성되었고, 기단부는 모두 4매의 석재로 구성되었는데, 각 면에는 우주(隅柱)와 탱주(撑柱)가 조각되어 있다. 탑신부(塔身部)는 몸돌과 지붕돌이 각각 하나의 돌로 구성되어 있다. 몸돌에는 모서리마다 우주(隅柱)를 새겨 놓았다.

1층 몸돌의 남·북쪽 면석은 새로 끼워 넣은 것이고, 3층 몸돌도 새로 끼운 것으로 보인다.

각 층 지붕돌의 낙수면은 길이가 짧고 경사가 급하며, 층급받침은 1층 5단, 2·3층에서는 4단으로 되어 있다. 지붕돌 윗면에는 각형 1단의 받침을 조각해 몸돌을 받치고 있다.

상륜부(相輪部)에는 노반(露盤), 복발(覆鉢)이 남아 있다. 전체적인 조각 수법으로 보아 고려시대 초기에 건립된 것으로 추정된다.

충청남도

마곡사 오층석탑
麻谷寺五層石塔

보물 제799호

소재지 충남 공주시 사곡면 운암리 567 마곡사

이 탑은 이중 기단(基壇) 위에 5층의 탑신(塔身)을 올린 형태이다.

탑신부(塔身部)는 몸돌과 지붕돌이 각각 하나의 돌로 구성되어 있다. 몸돌에는 모서리마다 우주(隅柱)를 새겨 놓았다. 1층 몸돌 남쪽 면에는 자물쇠가 새겨진 문비(門扉)를 조각해 놓았고, 2층 몸돌 네 면에는 연화좌 위에 앉아 있는 불상을 새겨 사방불(四方佛)을 표현해 놓았다.

지붕돌은 네 귀퉁이마다 풍탁(風鐸)을 달았던 흔적이 보이며, 현재 5층 지붕돌에만 1개의 풍탁이 남아 있다. 급한 경사를 이루는 낙수면의 지붕돌 양식은 고려시대 석탑의 특징을 잘 보여 주고 있다.

상륜부(相輪部)는 이 석탑만의 독특한 특징인데 중국 원나라의 라마탑에서 보이는 풍마동(風磨銅) 장식의 모습과 비슷하다. 1972년 해체·수리하는 과정에서 동으로 만든 향로와 문고리가 발견되었다.

1974년 현 위치로 옮겨 세웠다. 전체적인 모양과 조각 수법으로 보아 원(元)나라의 영향을 받아 만들어진 고려 말기의 작품으로 추정된다.

사방불

상륜부(相輪部)

자물쇠가 새겨진 문비(門扉)

청량사지 오층석탑

清凉寺址五層石塔

보물 제1284호

소재지 충남 공주시 반포면 학봉리 산18

이 탑은 계룡산 동학사에서 비로봉으로 2Km쯤 올라가면 있는 청량사지(清凉寺址)에 7층 석탑과 함께 있다. 두 탑을 남매탑 혹은 오누이탑이라 부르기도 한다.

낮은 단층 기단(基壇) 위에 5층의 탑신(塔身)을 올린 형태이다. 4층까지는 완전하나 5층은 몸돌과 지붕돌 일부만 남아 있다.

상륜부(相輪部)에는 노반(露盤), 보주(寶珠) 등 일부 부재만 남아 있다. 1층 몸돌에 비해 상층부가 훨씬 작아져 균형이 맞지 않아 보이며, 우주(隅柱)와 면석은 각각 별개의 돌로 끼워 두었다. 1층 몸돌의 우주만 배흘림의 흔적이 보이고 있다. 각 층 지붕돌은 넓어서 안정감을 잃고 있다. 1·2층 지붕돌 밑면 층급받침은 2단인데, 모두 다른 돌을 끼워 넣은 형태이다. 3·4층의 몸돌과 지붕돌은 따로 한 돌씩이며, 4층의 지붕돌받침은 아래층들과 달리 1단의 돌로 만들어져 있다.

전체적인 수법으로 보아 정림사지오층석탑(국보 제9호)이나 비인 오층석탑(보물 제224호)으로 이어지는 백제계통 석탑 양식을 따르고 있으며, 고려 중기에 만들어진 것으로 추정된다. 1950년대에 무너져 있던 것을 1961년에 복원하였다.

청량사지 칠층석탑
清凉寺址七層石塔

소재지 충남 공주시 반포면 학봉리 산18

이 탑은 청량사지(淸凉寺址)에 5층 석탑과 함께 있다. 두 탑을 남매탑 혹은 오누이탑이라 부르기도 한다.

단층의 기단(基壇) 위에 7층의 탑신(塔身)을 올린 형태이며, 전체적으로 폭이 좁고 길쭉한 모양이다. 기단은 각 면의 네 모서리마다 우주(隅柱)를 딴 돌로 만든 점이 특이하다.

1층 몸돌은 다른 층보다 길며, 한 면에 직사각형의 감실(龕室)을 새겼다. 2층부터 4층까지는 보수된 것으로 보인다.

지붕돌은 끝이 약간 치켜 올라가 있으며, 밑면의 층급받침은 1층이 2단이고, 7층이 1단이다. 상륜부(相輪部)에는 노반(露盤)만 남아 있다.

전체적인 조각 수법으로 보아 익산 왕궁리 오층석탑(국보 제289호)으로 이어지는 특징을 보여 주고 있어 백제계 석탑의 영향을 받아 고려 중기에 만들어진 것으로 추정된다. 1950년대에 무너져 있던 것을 1961년에 복원하였다.

안국사지 석탑

安國寺址石塔

보물 제101호
소재지 충남 당진군 정미면 수당리 산102-1

이 탑은 기단부(基壇部)가 다른 탑들에 비해 간단하고, 2층 이상의 탑 몸돌이 없어진 채 4매의 지붕돌만 겹쳐져 있다. 만들어질 당시에는 5층 석탑으로 추정된다. 탑신부(塔身部)는 몸돌과 지붕돌이 각각 하나의 돌로 구성되어 있다.

몸돌은 유일하게 1층 몸돌만이 남아 있는데, 각 귀퉁이에 우주(隅柱)가 새겨져 있고, 한 면에는 문짝 모양을, 다른 3면에는 여래좌상(如來坐像)을 도드라지게 새겨 놓아 4면에 다 불상을 새기지 않은 것이 특이하다. 각 층의 지붕돌은 4단의 층급받침을 표현해 놓았다.

전체적인 조각 수법으로 보아 고려시대 석탑으로 추정된다. 안국사에는 이 탑 외에도 삼존 석불입상(보물 제100호)이 남아 있다

성주사지 오층석탑
聖住寺址五層石塔

보물 제19호

소재지 충남 보령시 성주면 성주리 73

이 탑은 이중 기단(基壇) 위에 5층의 탑신(塔身)을 올린 모습이다. 기단은 각 면에 탱주(撑柱)와 우주(隅柱)를 새겨 두었으며, 기단 갑석 위로는 몸돌을 괴기 위한 편평한 괴임돌을 따로 끼워 놓았다.

탑신부(塔身部) 몸돌과 지붕돌이 각각 하나의 돌로 이루어져 있고, 몸돌에는 귀퉁이에 우주(隅柱)를 새겼다. 지붕돌은 밑면에 4단의 층급받침을 두었으며, 추녀 밑은 수평을 이루다가 위로 살짝 치켜 올라갔다. 낙수면도 완만한 경사를 이루고 있으며, 상륜부(相輪部)는 노반(露盤)만 남아 있다. 전체적인 조각 수법과 주변 석탑과 비교해 볼 때 통일신라 후기 9세기 후반의 작품으로 추정된다.

성주사지 중앙 삼층석탑

聖住寺址中央三層石塔

보물 제20호

소재지 충남 보령시 성주면 성주리 73

이 탑은 성주사의 금당 터로 뒤편에 나란히 서 있는 3기의 석탑 중에서 가운데에 있다.

이중 기단(基壇) 위에 3층 탑신(塔身)을 올린 형태로 조성되어 있다. 상·하층 기단 면석에는 우주(隅柱)와 탱주(撑柱)가 새겨져 있으며, 갑석(甲石)은 동일한 형태이고, 추녀의 양끝과 중앙에 상하로 3개씩 6개의 구멍이 있어 주목된다. 갑석 윗면에는 탑신석을 받기 위한 별석이 놓여 있다. 탑신부(塔身部)는 몸돌과 지붕돌이 각각 하나의 돌로 구성되어 있고, 몸돌에는 우주(隅柱)가 새겨져 있다.

1층 몸돌에는 남쪽 면에 삼중의 문짝 모양과 자물쇠 모양이 조각되어 있고, 그 아래 둥근 고리 한 쌍이 움푹 들어가게 새겨져 있다. 또 둥근 구멍이 14개 오른쪽과 왼쪽 대칭으로 새겨져 있다. 지붕돌은 몸돌에 비해 넓으며, 밑면 층급받침은 각 층 4단이고, 추녀 밑은 수평이며, 윗면은 완만한 경사를 이루고 있다.

상륜부(相輪部)는 노반(露盤)만 남아 있다. 전체적인 조각 수법으로 보아 통일신라 후기 9세기 후반 석탑으로 추정된다.

성주사지 서 삼층석탑
聖住寺址西三層石塔

보물 제47호

소재지 충남 보령시 성주면 성주리 74

이 탑은 이중 기단(基壇) 위에 3층 탑신(塔身)을 올린 형태로, 기단 갑석에 1층 몸돌을 괴기 위한 별도의 받침돌이 있다. 상하층 기단 면석에는 우주(隅柱)와 탱주(撑柱)가 새겨져 있으며, 탑신부(塔身部)는 몸돌과 지붕돌이 각각 하나의 돌로 구성되어 있고, 몸돌에는 우주(隅柱)가 새겨져 있다. 1층 몸돌 남쪽 면에 문비형(門扉形)에 고리 1쌍을 조각하였다. 지붕돌은 밑면에 4단씩의 층급받침이 있고 네 귀퉁이에서 약간 치켜 올려져 있다. 처마 양끝과 남쪽 중앙에 각각 7개씩의 작은 구멍이 새겨져 있고, 중앙에도 1개의 구멍이 새겨져 있다.

상륜부(相輪部)는 노반(露盤)만 남아 있으며, 탑의 높이는 4m이다.

1971년 해체·수리 당시 1층 몸돌에서 네모난 사리공(舍利孔)을 발견하였으나 그 안에 향나무 썩은 가루와

먼지만 남아 있었다고 한다.

　전체적인 조각 수법으로 보아 통일신라 후기의 작품으로 추정된다.

부여 장하리 삼층석탑
扶餘長蝦里三層石塔

보물 제184호

소재지 충남 부여군 장암면 장하리 536

이 탑은 옛 백제 지역에 분포되어 있는 백제계 양식을 이어받은 형식이다. 몸돌은 네 귀퉁이에 위로 올라갈수록 좁아지는 형태의 우주(隅柱)를 새겼고, 그 사이에 긴 판돌을 세워 면을 이루게 하였다. 몸돌은 높고, 3층 몸돌 사면에 감실(龕室) 모양이 보인다. 지붕돌은 지나치게 넓어 안정감이 떨어지며 작은 풍탁(風鐸) 구멍이 있다.

한산사(寒山寺)가 있던 것으로 알려져 있으나 절터의 주변 흔적은 보이지 않으며, 1931년에 1층 몸돌에서 상아로 만든 불상을 비롯하여 목제탑, 다라니경 조각 등이 발견되었다. 1962년 8월 해체·수리할 때에도 2층 몸돌 중앙에서 사리병과 41개의 사리가 나왔다. 상륜부(相輪部)에는 노반(露盤)이 남아 있다. 전체적인 조각 수법으로 보아 고려시대에 만들어진 작품으로 추정된다. 2007년 해체·복원되었다.

무량사 오층석탑
無量寺五層石塔

보물 제185호

소재지 충남 부여군 외산면 만수리 166 무량사

이 탑은 단층 기단(基壇) 위에 오층의 탑신(塔身)을 올린 형태이다. 탑신부(塔身部)는 몸돌이 낮고 지붕돌이 넓다. 몸돌에는 네 모서리에 우주(隅柱)가 새겨져 있고, 몸돌은 지붕돌에 비하여 높이가 낮다. 지붕돌은 얇고 넓으며 처마는 수평을 이루다가 끝에서 약간 들려 있다. 지붕돌 밑면 받침은 3단으로 위로 올라갈수록 줄어들고 있다.

상륜부(相輪部)는 노반(露盤), 복발(覆鉢), 앙화(仰花)가 남아 있다.

1971년 해체·보수할 때 1층 몸돌에서 금동 아미타여래좌상, 지장보살상, 관음보살상의 삼존상이 나왔고 3층에서도 금동불상 1구가 출토되었으며 5층에서는 사리구(舍利具)가 발견되었다. 부여 정림사지 오층석탑 양식을 계승하였고, 익산 왕궁리 오층석탑과도 닮아 있다.

통일신라의 석탑 양식도 가미하여 충청지역에서 볼 수

있는 특징적인 석탑으로 주목된다. 조각 수법으로 보아
고려 초기의 작품으로 추정된다.

보원사지 오층석탑

普願寺址五層石塔

보물 제104호

소재지 충남 서산시 운산면 용현리 119

이 탑은 이중 기단(基壇) 위에 5층의 탑신(塔身)을 올린 형태이다.

하층 기단 면석에는 우주(隅柱)와 탱주(撑柱)가 새겨져 있고, 두 개의 탱주(撑柱)로 3분할하여 사자상을 돋을새김하였다. 상층 기단은 판석으로 조립하여 탱주(撑柱)로 분할된 여덟 면에 팔부중상(八部衆像)을 새겼다. 기단 갑석은 별석을 마련하여 1층 몸돌을 받치고 있다.

1층 몸돌 각 면에 문짝 모양을 새겼으며, 우주(隅柱)가 조각되어 있다. 지붕돌은 층급받침이 각 층 4단씩이며, 얇고 넓어 백제계 석탑 양식을 모방한 것으로 보인다.

상륜부(相輪部)에는 노반(露盤)만 남아 있고, 그 위에 철제로 된 찰간(刹竿)이 높이 솟아 있다. 전체적인 조각 수법으로 보아 고려 초기의 석탑으로 추정된다. 주변에는 보물로 지정된 석조(제102호)와 당간지주(제103호),

법인국사 보승탑(제105호), 법인국사 보승탑비(제106호)
등이 남아 있으며, 현재 발굴 조사가 진행 중에 있다.

문비

팔부중상

사자상

사자상

비인 오층석탑

庇仁五層石塔

보물 제224호

소재지 충남 서천군 비인면 성북리 183

이 탑은 단층 기단(基壇) 위에 5층의 탑신(塔身)을 갖춘 형태이다.

부여 정림사지 5층 석탑의 양식을 모방하고 있다. 낮게 조성된 기단은 4매의 판석 위에 놓여 있으며, 우주(隅柱)를 별도로 조성하였다.

몸돌은 기단에서처럼 면석과 우주(隅柱)를 따로 마련하여 세워 놓았다. 위는 좁고 아래는 넓어 사다리꼴을 하고 있다. 2·3층 몸돌은 1층에 비하여 작게 축소되어 있다. 지붕돌은 4층까지만 현재 남아 있고, 받침은 2단이다. 얇고 넓으며 느린 경사를 이룬다. 2층부터 몸돌이 작고 지나치게 지붕돌이 넓어 안정감은 떨어진다. 상륜부(相輪部)는 현재 노반(露盤)이 남아 있고, 그 위에 작은 석재가 겹쳐 있다.

전체적인 조각 수법으로 보아 백제계 석탑 양식의 영

향을 받은 지방화된 석탑으로 고려 초기에 만들어진 작품으로 추정된다.

2007년 주변이 발굴, 조사되어 석탑의 서쪽에서 물고기 뼈 문양 등이 새겨진 기와 조각 및 박자기법으로 문양이 새겨진 청자조각, 토기 등 다수의 유물이 발견되어 수습되었다.

천흥사지 오층석탑

天興寺址五層石塔

보물 제354호

소재지 충남 천안시 성거읍 천흥리 190-2

이 탑은 이중 기단(基壇) 위에 5층 탑신(塔身)을 올린 모습이다.

하층 기단은 4매의 널찍한 판석으로 구성하였고 4면에는 면마다 7개씩의 안상(眼象)이 새겨져 있다. 상층 기단의 4면에는 우주(隅柱)가 새겨져 있다. 탑신부(塔身部)는 몸돌과 지붕돌이 각각 하나의 돌로 이루어져 있다. 몸돌은 모서리에 우주(隅柱)가 뚜렷하게 새겨져 있다. 지붕돌은 넓고 얇고 표현하였으며, 밑면 층급받침은 3단이다. 낙수면은 좁으나 경사면은 가파르다가 완만하게 수평을 이루고 있어 반전감이 크다. 상륜부(相輪部)는 모두 없어졌다.

이곳에서 발굴된 동종(銅鍾)은 국립중앙박물관으로 옮겨져 있는데, 동종 기록(고려 현종 원년(1010))으로 보아 통일신라 석탑의 양식을 이어받아 고려시대 초기에 만들어진 것으로 추정된다.

1966년 해체·보수되었으며 1층 몸돌에서 당시 사리공이 확인되었다고 한다. 주변에는 당간지주(보물 제99호)도 남아 있다.

정산 서정리 구층석탑
定山西亭里九層石塔

보물 제18호

소재지 충남 청양군 정산면 서정리 16

이 탑이 있는 주변은 고려시대 백곡사(白谷寺)라는 절이 있었다고 전해진다. 이중 기단(基壇) 위에 9층 탑신(塔身)을 올린 모습이다.

하층 기단에는 네 면에 2개씩 안상(眼象)을 돌려 새겼는데, 안상 중앙에 귀꽃 모양으로 솟아오른 조각이 있다. 상층 기단은 판석으로 이루어져 있고 면석에 우주(隅柱)와 탱주(撑柱)를 새겼다. 탑신부(塔身部)는 몸돌과 지붕돌이 각각 한 개의 돌로 구성되어 있다. 몸돌에는 우주(隅柱)가 새겨져 있고, 2층 몸돌부터는 높이가 줄어들었다.

지붕돌은 1층은 층급받침이 5단이지만 2층 이상은 3단으로 되어 있다. 상륜부(相輪部)는 현재 모두 없어졌다. 전체적인 조각 수법으로 보아 통일신라시대 석탑 양식을 반영하여 고려 초기에 세워진 것으로 추정된다.

전라북도

발산리 오층석탑
鉢山里五層石塔

보물 제276호

소재지 전북 군산시 개정면 발산리 115-1

　이 탑은 원래는 완주 삼기리 봉림사지(鳳林寺址)에 있
던 것을 일제 강점기에 지금의 위치인 발산 초등학교 뒤
뜰로 옮겨 세운 것이다.

　이중 기단(基壇) 위에 5층의 탑신(塔身)을 올린 형태
였으나 한 층이 없어지고 4층까지만 현재 남아 있다.
1926년 시마타니(島谷)에 의하여 매입되어 개인집 정원
장식물로 있었으며, 1939년 오가와게이기찌(小川敬吉)에
의해 조사가 된 석탑이다. 하층 기단은 지대석, 면석, 갑
석이 별석으로 되어 있다. 면석 가운데에는 탱주(撑柱)가
1개, 양쪽에 우주(隅柱)가 새겨져 있다. 상층 기단 면석
은 탱주(撑柱) 없이 양쪽에 우주(隅柱)만 조각되어 있다.
기단의 구성은 통일신라 석탑 기단 양식을 반영하고 있
다. 몸돌에는 네 모서리에 우주(隅柱)를 새겨 놓았다. 지
붕돌은 경사가 급하고 추녀 끝이 약간 들려 곡선을 이루

며, 밑에는 3단의 층급받침을 두었다. 상륜부(相輪部)에
는 보륜(寶輪)과 보개(寶蓋)가 남아 있다.

　전체적인 조각 수법으로 보아 고려시대 초기에 만들어
진 것으로 추정된다. 1993년과 1995년에는 보수가 이루
어졌으며, 2001년 주변 정비가 이루어졌다.

금산사 오층석탑
金山寺五層石塔

보물 제25호

소재지 **전북 김제시 금산면 금산리 39 금산사**

　이 탑은 금산사 미륵전 북쪽에 송대(松臺)라고 불리는 높은 받침단 위에 방등계단(方等戒壇)과 함께 세워져 있다.

　이중 기단(基壇) 위에 5층 탑신(塔身)을 올린 모습이다. 기단부는 여러 개의 장대석을 구축하고 그 위에 조립하였는데, 하층 기단 면석 각 면에는 양쪽에 우주(隅柱)를 중앙에 탱주(撐柱)를 조각하였다.

　탑신부(塔身部)는 몸돌과 지붕돌이 각각 하나의 돌로 구성되어 있고, 몸돌에는 우주(隅柱)가 새겨져 있다. 1층 몸돌 받침석은 별석으로 되어 있고, 2층 몸돌 받침부터는 지붕돌 윗면에 놓여 있다. 지붕돌은 밑면에 3단의 층급받침을 두었고, 처마는 완만한 곡선을 이루고 있다.

　상륜부(相輪部)는 그대로 보존되었는데, 노반(露盤) 위에 특이한 형태의 복발(覆鉢)이 있고, 복발 위에 앙화(仰花), 보륜(寶輪), 보주(寶珠)가 놓여 있다. 전체적인 조각

수법으로 보아 통일신라 석탑의 양식을 계승한 고려 초
기 작품으로 추정된다.

금산사 육각 다층석탑
金山寺六角多層石塔

보물 제27호

소재지 전북 김제시 금산면 금산리 39 금산사

　이 탑은 금산사 봉천원(奉天院)에 있던 것을 현재 자리인 대적광전 동남쪽 앞, 미륵전 서쪽으로 옮겨 놓은 것이다. 점판암으로 만든 청석탑으로 주목된다. 기단은 화강암으로 조성되어 있으며, 기단에는 연꽃 조각을 아래위로 조각하였다. 탑신부(塔身部)는 층마다 몸돌이 있었으나 현재 2개 층에만 남아 있다. 지붕돌은 9개 층이 있고, 10층과 11층은 몸돌과 함께 남아 있다. 몸돌은 우주(隅柱)가 새겨져 있고, 각 면에는 원을 그린 후 그 안에 좌불상을 새겨 놓았다. 지붕돌 아랫면에는 받침이 있고, 이 중심에 용(龍) 무늬와 초화문(草花文) 등이 가늘게 선각되어 있다. 상륜부(相輪部)는 화강암으로 만든 보주(寶珠)가 놓여 있다. 전체적인 조각 수법으로 보아 고려 초기에 세워진 작품으로 추정된다. 이러한 다층의 점판암 탑으로는 경남 합천 해인사 원당암 다층석탑을 비롯하여 전국에 10여 기가 남아 있다.

금산사 심원암 북강 삼층석탑

金山寺深源庵北崗三層石塔

보물 제29호

소재지 전북 김제시 금산면 금산리 39 금산사

이 탑은 심원암에서 뒤쪽, 북쪽 등산로를 따라 1.5㎞가량 올라가서 대나무 숲을 돌아가면 산꼭대기 가까운 곳에 있다.

이중 기단(基壇) 위에 3층의 탑신(塔身)을 올린 형태로, 하층 기단은 지대석 위에 면석과 갑석이 각각 별석으로 이루어져 있다. 상층 기단면석은 모두 4매의 부재로 이루어져 있다.

몸돌에는 네 면마다 모서리에 우주(隅柱)를 새겼다. 지붕돌은 넓적하며, 낙수면의 경사를 급하게 처리하였고, 4단의 층급받침을 두었다.

풍탁(風鐸) 구멍이 보이는데, 귀마루에 1개, 부드러운 곡선의 처마 양쪽 끝에 각각 1개씩 뚫려 있다. 상륜부(相輪部)는 노반(露盤)만이 남아 있다. 전체적인 조각 수법으로 보아 전형적인 통일신라 양식의 석탑이나, 처마에

서 일부 백제계 석탑 양식도 보이는 지방화 석탑으로 고
려시대 초기에 작품으로 추정된다. 1971년에 1층 몸돌이
도굴되어 해체·조립하였다. 1996년 11월 보수공사가 실
시되었고 이때 일부 신 부재를 사용하여 보충하였다.

만복사지 오층석탑
萬福寺址五層石塔

보물 제30호

소재지 전북 남원시 왕정동 481

이 탑은 동금당지와 석불입상 사이에 위치하고 있으며, 기단부(基壇部)는 땅에 파묻혀 있던 것을 높인 것으로 보이며, 지대석, 면석, 갑석으로 구성된 단층 기단이다.

몸돌에는 모서리마다 우주(隅柱)를 새겼고, 1층 몸돌이 높고 2층 이상은 크기가 다소 줄어들었다. 지붕돌은 밑면 전체가 위로 들려 있으며, 각 지붕돌 위에 별석 괴임돌이 끼워져 있다. 5층 지붕돌에는 중앙에 둥근 찰주공(擦柱孔)이 남아 있다. 상륜부(相輪部)는 모두 없어졌다. 전체적인 조각 수법으로 보아 고려시대 후기 석탑으로 추정된다.

1968년 12월 해체·복원되었는데, 이때 1층 몸돌에서 사리장치가 발견되었다. 1979년부터 1985년까지 발굴, 조사되어 많은 건물지와 다수의 유물이 발견되었고, 1986년 전체 주변 정비가 이루어졌다.

주변에는 또 다른 석탑부재와 석좌(대좌)(보물 제31
호), 당간지주(보물 제32호), 석불입상(보물 제43호) 등이
남아 있다.

실상사 삼층석탑
實相寺三層石塔

보물 제37호

소재지 전북 남원시 산내면 입석리 50 실상사

이 탑은 보광전 앞에 동·서로 세워져 있다. 이중 기단 (基壇) 위에 3층의 탑신(塔身)을 올린 모습으로, 동·서 두 탑이 거의 같은 형식이다. 기단에는 탱주(撑柱)와 우주(隅柱)가 새겨져 있다.

탑신부(塔身部)는 몸돌과 지붕돌이 각각 하나의 돌로 이루어져 있다. 몸돌에는 모서리마다 우주(隅柱) 새겨져 있고 1층 몸돌이 다른 층에 비하여 높게 표현되어 있다. 지붕돌은 밑면의 층급받침이 4단이고, 네 귀퉁이에서 살짝 들려 있다. 상륜부(相輪部)는 동탑은 찰주(擦柱)를 중심으로 노반(露盤), 복발(覆鉢), 앙화(仰花), 보륜(寶輪), 보개(寶蓋), 수연(水煙), 용차(龍車), 보주(寶珠)가 모두 있어 원형을 그대로 잘 보존하고 있다. 서탑은 수연(水煙)이 없어졌다. 1997년 상륜부(相輪部)는 보수 공사가 있었다. 전체적인 조각 수법으로 보아 통일신라 9세기

후기의 작품으로 추정된다. 석탑에 관해서는 고종 12년
(1875)의 중수에 관한 기록이 있으며, 1996년 주변 발굴
조사가 이루어졌다.

동탑

서탑

정읍 은선리 삼층석탑

井邑隱仙里三層石塔

보물 제167호

소재지 전북 정읍시 영원면 은선리 43 탑립마을

    이 탑은 낮은 기단(基壇) 위에 3층 탑신(塔身)을 올린
형태이다. 기단부는 4매의 판석으로 구성된 지대석 위에
면석과 우주(隅柱)석이 각각 별석으로 이루어져 있다. 몸
돌과 지붕돌은 여러 장의 돌로 이루어져 있다. 몸돌은 1
층 몸돌이 매우 높게 표현되어 있고, 각 면 모서리에는
우주(隅柱)가 새겨져 있다. 2층 몸돌부터는 급격히 줄었
으며, 2층 몸돌 남쪽 면에 2매의 문을 단 감실(龕室)이
설치되어 있다.

    지붕돌은 평평한 돌을 얹어 구성하였고 층급받침은 모
두 1단으로 백제계 석탑의 영향을 받은 형식이다.

    상륜부(相輪部)는 노반(露盤)과 복발(覆鉢)이 하나로
된 돌 위에 앙화(仰花)를 얹었는데, 제짝인지 알 수 없
다. 전체적인 조각 수법으로 보아 옛 백제 땅에서 나타
나는 백제 양식의 석탑으로 고려 중기에 만들어진 작품

으로 추정된다. 1971년 해체·복원 공사가 있었고, 2004
년 주변 정비가 이루어졌다.

천곡사지 칠층석탑

泉谷寺址七層石塔

보물 제309호

소재지 전북 정읍시 망제동 산10

　이 탑은 낮은 단층 기단(基壇) 위에 7층 탑신(塔身)을 올린 형태이다. 기단 측면에는 아무런 조각도 없고, 기단 석 윗면은 곡선형으로 경사져 있으며, 1층 몸돌을 놓기 위한 1단의 받침이 있다.

　1층 몸돌은 4장의 긴 돌로 구성되어 상당히 길고 높게 표현되었으며, 각 면에는 우주(隅柱)의 표현이 없다. 2층 과 3층 몸돌은 2매의 돌로 만들어졌으며 4층 이상은 한 돌로 만들어 급격한 체감 비율을 보이고 있다.

　지붕돌 상면은 낙수면이 완만한 경사를 이루고 있으며 받침은 지붕돌과 한 부재로 호형을 이루고 연화문이 새 겨져 있는 것이 특징이다.

　상륜부(相輪部)는 모두 없어지고 7층 지붕돌 위에 노 반(露盤)만 놓여 있다. 지붕돌이 특이한 이형석탑(異形石 塔)으로 분류되는 이 탑은 전체적인 조각 수법으로 보아 고려시대 중기에 건립된 것으로 추정된다.

　전하는 바에 의하며 이 석탑 앞에 1기의 오층 석탑이 있었다고 하며, 일본인들이 어디론가 이동하였다고 한다. 1976년 해체·복원되었다고 하며, 2004년 주변 정비가 이루어졌다.

전라남도

대흥사 북미륵암 삼층석탑
大興寺北彌勒庵三層石塔

보물 제301호

소재지 전남 해남군 삼산면 구림리 산9 대흥사

이 탑은 북미륵암(北庵)에서 약 50미터 떨어진 곳에 있으며, 이중 기단(基壇) 위에 3층 탑신(塔身)을 올린 모습이다.

하층 기단 면석 각 4면에는 우주(隅柱)가 새겨져 있고, 중앙에는 탱주(撑柱) 1주가 새겨져 있다. 상층 기단 중석과 갑석은 1매석으로 구성되어 있고 갑석에는 부연(副椽)이 있다.

탑신부(塔身部)는 몸돌과 지붕돌이 각각 하나의 돌로 되어 있고 각 몸돌에는 네 모서리에 우주(隅柱)가 새겨져 있다. 지붕돌은 비교적 얇은 편이며 층급받침이 1층과 2층은 4단, 3층은 3단으로 줄었다. 낙수면은 경사가 완만하다. 상륜부(相輪部)는 노반(露盤) 위에 이중의 앙화형(仰花形) 석재가 놓여 있다. 전체적인 조각 수법으로 보아 통일신라 석탑 양식을 계승한 고려 초기 작품으로

추정된다. 1969년 보수 공사가 이루어졌고, 2005년 해체·
복원되었다.

대흥사 응진전전 삼층석탑
大興寺應眞殿前三層石塔

보물 제320호

소재지 전남 해남군 삼산면 구림리 799 대흥사

　이 탑은 이중 기단(基壇) 위에 3층 탑신(塔身)을 올린 형태이다.

　기단에는 우주(隅柱)와 탱주(撐柱)가 새겨져 있다.

　탑신부(塔身部)는 몸돌과 지붕돌이 각각 하나의 돌로 되어 있고 각 몸돌에는 네 모서리에 우주(隅柱)가 새겨져 있다. 지붕돌은 처마가 두껍고 수평을 이루며, 낙수면의 경사는 완만하다. 지붕돌 위에는 2단 각형 괴임 받침이 마련되어 있다. 밑면에는 4단의 층급받침을 두었다. 상륜부(相輪部)는 노반(露盤), 복발(覆鉢), 앙화(仰花), 보륜(寶輪) 등이 남아 있다. 전체적인 조각 수법이 통일신라 석탑 양식의 전형을 잘 보여 주고 있다. 학자 간의 견해차는 다소 있으나 통일신라 9세기 전기에서 통일신라 후기의 작품으로 추정된다.

　1967년 1월 보수 공사 때 상층 기단 안에서 높이 12cm

의 동조여래입상이 발견된 바 있다. 2004년 완전 해체·
복원되었다.

금골산 오층석탑
金骨山五層石塔

보물 제529호

소재지 전남 진도군 군내면 둔전리 356-2 금성초등학교 안

이 탑은 단층 기단(基壇) 위에 5층 탑신(塔身)을 올린
형태이다.

기단은 4장의 돌로 구성되었으며, 탱주(撑柱)와 우주
(隅柱)가 새겨져 있다. 전체적으로 정읍 은선리 삼층석탑
(보물 제167호)과 비슷한 느낌이다. 탑신부(塔身部)는 몸
돌과 지붕돌이 각각 하나의 돌로 되어 있고 각 몸돌에는
네 모서리에 우주(隅柱)가 새겨져 있다. 1층 몸돌이 상당
히 길게 표현되어 있다. 지붕돌은 넓고 두꺼운 편이며 1·
2·4층은 5단이고, 3층은 4단, 5층은 3단으로 표현하여
일반적인 형태와는 다른 점이 주목된다. 상륜부(相輪部)
에는 보주(寶珠)가 놓여 있으나 원래 것인지 알 수 없다.
전체적인 조각 수법이 백제계 석탑의 양식을 이어받은
작품으로 고려 후기에 조성된 것으로 추정된다.

이곳에는 해원사(海院寺)라는 절이 있었다고 전하며,

1973년 주변에서 석재들이 다소 출토되었다고 한다.

월남사지 삼층석탑
月南寺址三層石塔

보물 제298호

소재지 **전남 강진군 성전면 월남리 854**

　이 탑은 단층 기단(基壇) 위에 3층의 탑신(塔身)을 올린 형태이다. 기단은 두꺼운 판석으로 조립된 바닥돌 위에 기둥 모양의 돌을 세웠다. 기단에서 탑신부(塔身部)에 이르기까지 작은 석재로 각부를 구성하였다. 1층 몸돌은 매우 높으며, 2층 몸돌부터는 높이가 줄어들었다. 몸돌은 우주(隅柱)와 면석을 별도의 돌로 구성하였다. 지붕돌은 여러매의 별석(別石)을 쌓아올렸으며, 밑면의 층급받침을 3단으로 구성하였고 윗면은 계단식 층단을 이루었다. 상륜부(相輪部)는 노반(露盤)과 복발(覆鉢), 보륜(寶輪)이 남아 있다.

　전체적인 조각 수법으로 보아 고려 초기 석탑으로 추정되나 학자에 따라 고려 후기 작품으로 보는 견해도 있다.

　이 탑은 백제 양식을 많이 따르고 있으며 전라도 지역에서는 규모나 양식으로 매우 드문 중요한 석탑으로 평가된다. 예전 자료에는 월남사지 모전석탑이라 설명 하였으나 탑재 자체가 전돌이 아니며 그 결구 수법을 보면 전탑이라 볼 수 없어 2002년 3월 문화재 명칭이 변경되었다. 1994년 목포대학교 박물관에서 월남사지에 대한 실측 조사가 이루어졌다. 주변 민가에는 초석과 석물들이 곳곳에 남아 있다.

금곡사 삼층석탑

金谷寺三層石塔

보물 제829호

소재지 전남 강진군 군동면 파산리 1012-2 금곡사

이 탑은 단층 기단(基壇) 위에 3층의 탑신(塔身)을 올린 모습이다.

기단에는 다른 돌을 끼워 두어 일부 보수되었음을 알 수 있다.

1층 몸돌 받침은 별석으로 기단 갑석 위에 2단 판석으로 되어 있다. 1층 몸돌은 각 면마다 네모난 감실(龕室)을 두었으나 우주(隅柱)는 표현되어 있지 않다. 지붕돌은 두툼하며 경사가 급하고, 밑면에는 1층에는 6단, 2층은 5단, 3층에는 4단의 층급받침을 두었다. 상륜부(相輪部)는 모두 없어졌다. 1988년 6월 해체·복원되었는데, 이때 3층 몸돌 상면의 사리공(舍利孔)에서 세존진신(世存眞身), 주색사리(朱色舍利) 1과(顆)와 회백색사리(舍利) 31과가 발견되었다. 복원 후의 석탑은 지대석 위에 기단부가 축소된 것으로 보인다. 전체적인 조각 수법으로 보아 통일

신라 석탑 양식에 백제계 석탑 양식을 일부 계승한 고려
시대 초기 작품으로 추정된다.

천관사 삼층석탑

天冠寺三層石塔

보물 제795호

소재지 **전남 장흥군 관산읍 농안리 740**

　이 탑은 이중 기단(基壇) 위에 3층 탑신(塔身)을 올린 형태이다. 기단부는 4매의 석재로 구성하였는데 상층 기단 갑석(甲石)은 1매, 하층 기단 갑석은 2매이다. 우주(隅柱)는 새겨져 있으나 탱주(撑柱)는 없다. 탑신부(塔身部)는 몸돌과 지붕돌이 각각 하나의 돌로 이루어져 있다. 각 몸돌에는 네 모서리에 우주(隅柱)가 새겨져 있다. 지붕돌은 각 4단의 층급받침을 두었고, 처마를 두껍게 표현하였다. 상륜부(相輪部)는 노반(露盤)과 둥근 복발(覆鉢)이 남아 있다. 전체적인 조각 수법으로 보아 고려 초기의 작품으로 추정된다. 2007년 10월 탑 표면에 보존처리 작업이 이루어졌고, 2008년 9월 주변이 시굴, 조사되었다.

보성 우천리 삼층석탑

寶城牛川里三層石塔

보물 제943호

소재지 전남 보성군 조성면 우천리 325-3

이 탑은 기단(基壇)의 일부분이 땅 속에 묻혀 있고, 드러난 단층 기단부에는 기단 면석에 우주(隅柱)와 탱주(撐柱)가 조각되어 있다. 4매의 판석으로 짜인 갑석(甲石)에는 부연(副椽)이 마련되어 있다.

탑신부(塔身部)는 몸돌과 지붕돌이 각각 하나의 돌로 구성되었다.

몸돌에는 우주(隅柱)가 새겨져 있으나 별다른 장식은 없다. 지붕돌은 층급받침이 4단씩이며, 윗면에 2단의 괴임을 마련하여 몸돌을 받치고 있다. 네 모서리 끝에는 풍탁(風鐸)을 달았던 작은 구멍이 있다.

상륜부(相輪部)는 복발(覆鉢), 보개(寶蓋)가 남아 있다. 전체적인 조각 수법으로 보아 통일신라 9세기 후기의 작품으로 추정된다. 1970년 11월 해체·복원하였으며, 지붕돌 균열로 2005년 보수되었다.

보성 봉천리 오층석탑
寶城鳳川里五層石塔

보물 제1115호

소재지 전남 보성군 복내면 봉천리 767

　이 탑은 오동사(梧桐寺) 터로 추정되는 곳에 있으며, 이중 기단(基壇) 위에 5층 탑신(塔身)을 쌓아 올린 형태이다. 4매로 된 상대 중석 남쪽 면석에는 보살 입상이 새겨져 있어 주목된다. 상대 갑석(甲石)에는 부연(副椽)을 모각하였다. 탑신부(塔身部)는 몸돌과 지붕돌이 각각 하나의 돌로 구성되었다. 몸돌에는 우주(隅柱)가 새겨져 있으나 별다른 장식은 없다. 지붕돌은 층급받침이 3층까지는 5단씩이며, 4층과 5층은 4단으로 줄어들었다. 상륜부(相輪部)는 노반(露盤)만 남아 있는 상태이다. 전체적인 조각 수법으로 보아 고려시대 초기에 만들어진 작품으로 추정된다. 1990년 해체·수리되었다. 오동사지는 고려 현종 7년(1016)에 건립한 사찰로 알려져 있다.

성풍사지 오층석탑
聖風寺址五層石塔

보물 제1118호

소재지 **전남 영암군 영암읍 용흥리 533-1**

이 탑은 이중 기단(基壇) 위에 5층의 탑신(塔身)을 올린 형태이다.

기단부는 지대석 위에 4매의 장대석으로 구성하였고, 면석에는 우주(隅柱)와 탱주(撑柱)가 새겨져 있다. 탑신부(塔身部)는 몸돌과 지붕돌이 각각 한 돌로 구성되어 있다.

몸돌에는 우주(隅柱)가 새겨져 있고, 1층 몸돌은 다른 층에 비하여 높게 표현되어 있다. 지붕돌은 상면에 1단 각형의 받침을 표현하여 위층의 몸돌을 받치고 있다. 1층에서 3층까지는 층급받침이 4단이며, 4·5층은 3단으로 되어 있다. 3층 지붕돌과 5층의 몸돌과 지붕돌은 복원된 것이다. 상륜부(相輪部)는 노반(露盤), 복발(覆鉢), 보주(寶珠)가 남아 있다. 1986년 해체·복원되었는데 복원과정에서 1층 몸돌 상면의 사리공(舍利孔)에서 탑지

(塔誌)와 청자 사리호(舍利壺)가 발견되었다. 탑지의 통화(統和) 이십칠년의 명문(銘文)이 있어 고려 목종 12년(1009)에 건립된 고려 초기 탑임을 알게 되었다.

탑지 명문 내용

"菩薩戒弟子高麗國靈癌縣戶ㅑ長朴文英特爲邦家鼎盛
朝野益安敬造立五層石……塔安置聖風大寺永充供養
也統和二十七年己酉六月日記"

월출산 용암사지 삼층석탑

月出山龍巖寺址三層石塔

보물 제1283호

소재지 전남 영암군 영암읍 회문리 산26-8

이 탑은 월출산의 구정봉 북서쪽 아래에 있다. 1955년 용암사라는 명문 기와가 출토되어 『동국여지승람』에 기록된 용암사로 추정된다.

단층 기단(基壇) 위에 3층 탑신(塔身)을 쌓아 올린 형태이다. 기단 면석은 각 면에 3매의 판석을 조립하였고 우주(隅柱)와 탱주(撑柱)가 새겨져 있다. 윗면에는 높은 괴임 2단을 별도의 돌로 끼워 두었다.

1층 몸돌은 2매의 돌로 구성하였고, 2·3층 몸돌은 각각 1매로 하였으며, 모서리마다 우주(隅柱)를 새겼다. 지붕돌은 1·2층은 2매로, 3층은 1매로 구성하였으며, 밑면의 층급받침은 1층은 5단, 2층은 4단, 3층은 3단으로 한 단씩 줄어들었다. 낙수면은 경사가 완만하고 처마는 거의 수평으로 가볍게 반전을 주었다. 상륜부(相輪部)는 노반(露盤)만 남아 있다. 1966년 3월 해체·복원공사를 하면서 하층 기단에서 백자 사리호 1점, 청동 보살좌상 1점, 청자대접 1점, 사리 32과, 철편 11점 등이 발견되었다. 전체적인 조각 수법으로 보아 고려 초기에 세워진 것으로 추정된다.

청동 보살좌상(국립광주박물관 소장)

백자 사리호, 청자대접(국립광주박물관 소장)

도갑사 오층석탑
道岬寺五層石塔

보물 제1433호

소재지 전남 영암군 군서면 도갑리 8 도갑사

이 탑은 단층 기단(基壇) 위에 있었으나 1995년 발굴 조사 중 하층 기단부가 발견되어 2002년 2월 현 대웅전 앞에 이중 기단의 5층 석탑으로 복원하였다. 기단 면석에는 탱주(撑柱)와 우주(隅柱)가 새겨져 있다. 탑신부(塔身部)는 몸돌과 지붕돌이 각각 하나의 돌로 구성되었다. 몸돌에는 우주(隅柱)가 새겨져 있으나 별다른 장식은 없다.

지붕돌은 밑면 층급받침이 1층부터 3층까지는 5단씩, 4층에 4단, 5층은 3단으로 되어 있다. 상륜부(相輪部)는 노반(露盤), 보주(寶珠)가 남아 있다. 전체적인 조각 수법으로 보아 백제계 양식이 일부 반영된 고려 초기에 조성된 것으로 추정된다.

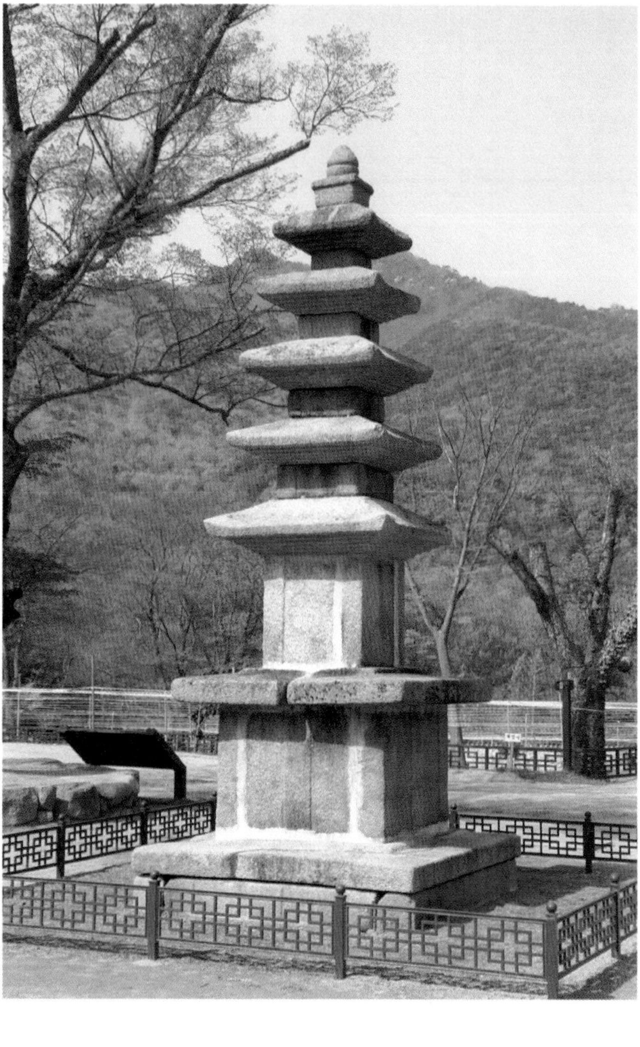

나주 북문외 삼층석탑

羅州北門外三層石塔

보물 제50호

소재지 **전남 나주시 대호동 825 심향사**

이 탑은 원래 나주 북문 밖에 있었던 것을 1915년 옛 나주 군청 안으로 옮겨 놓은 것을 군청이 옮겨 가고 금성관이 정비되면서 2007년 10월 해체하여 원래 자리로 추정되는 심향사에 옮겨다 복원해 놓았다.

이중 기단(基壇) 위에 3층 탑신(塔身)을 올린 형태이다. 하층 기단에는 각 면에 3구씩 안상(眼象)을 조각하였다. 상층 기단 갑석은 새로 복원한 것이고, 면석에는 탱주(撑柱)와 우주(隅柱)가 새겨져 있다.

탑신부(塔身部)는 몸돌과 지붕돌이 각각 하나의 돌로 구성되었다. 몸돌에는 네 모서리에 우주(隅柱)가 새겨져 있고 2층 몸돌은 1층에 비해 줄어들었다. 지붕돌은 두꺼운 편이며 추녀 밑은 직선으로 전각(轉角)에 이르러 약간 반전(反轉)이 있다. 밑면의 층급받침은 각 3단으로 되어 있다. 상륜부(相輪部)는 노반(露盤)과 복발(覆鉢)이 남아 있다. 전체적인 조각 수법으로 보아 고려시대 석탑으로 추정된다.

운주사 구층석탑
雲住寺九層石塔

보물 제796호

소재지 전남 화순군 도암면 대초리 22

이 탑은 커다란 바윗돌 자연 암반을 기단으로 그 위로 9층에 이르는 탑신(塔身)을 세워 올린 모습이다.

1층부터 4층까지는 4장의 널돌 판석으로 짜 조립하였으며, 네 모서리마다 우주(隅柱)를 새겨 놓았다. 각 몸돌에는 면마다 이중으로 마름모꼴을 새기고, 그 안에 꽃무늬를 새겨 두었는데, 이러한 수법은 운주사 석탑에서만 볼 수 있는 특징이다. 각 지붕돌은 밑면이 약간 치켜 올려져 있고, 밑면에는 여러 겹의 사선으로 빗살무늬를 조각하였다. 상륜부(相輪部)에는 보륜(寶輪)이 남아 있고, 운주사의 여러 탑 가운데 높이가 가장 높은 것으로, 고려시대에 세워진 것으로 추정된다.

운주사는 통일신라 말에 도선국사(道詵國師)가 하루 낮과 하루 밤 만에 천불천탑(千佛千塔)을 조성했다고 전하는 곳으로 현재 18기의 탑과 70여 구 불상이 남아 있다.

운주사 원형 다층석탑
雲住寺圓形多層石塔

보물 제798호

소재지 **전남 화순군 도암면 대초리 22**

　이 탑은 석조불감(보물 제797호) 앞에 있으며, 외형상 일반적인 석탑의 형태를 따르지 않고 특이한 모양을 하고 있다.

　기단(基壇)은 2단의 둥근 바닥돌에 높직한 10각의 돌을 짜 올리고 그 위로 16장의 연꽃잎을 장식한 돌을 올렸다. 몸돌과 지붕돌은 모두 원형이고, 몸돌 측면에 2줄의 선이 돌려져 있다. 현재는 6층만 남아 있으나 원래는 더 있었던 것으로 보인다. 전체적으로 매우 특이한 석탑으로 조각 수법으로 보아 고려시대에 조성된 작품으로 추정된다.

선암사 삼층석탑

仙岩寺三層石塔

보물 제395호

소재지 **전남 순천시 승주읍 죽학리 802**

이 탑은 대웅전 앞에 2기가 있다. 이중 기단(基壇) 위에 3층 탑신(塔身)을 올린 형태이다. 두 탑은 규모와 조각 수법이 서로 같은 것임을 알 수 있다. 기단의 각 면석에는 탱주(撑柱)와 우주(隅柱)가 새겨져 있다. 기단의 윗면에는 괴임돌을 두어 윗돌을 받치고 있다.

탑신부(塔身部)는 몸돌과 지붕돌이 각각 하나의 돌로 구성되어 있고, 몸돌 모서리에는 우주(隅柱)가 새겨져 있다. 지붕돌은 평평하고 넓으며 처마 밑은 수평이고 밑면 층급받침은 각 층이 4단이다.

상륜부(相輪部)에는 노반(露盤)만 남아 있다. 전체적인 조각 수법으로 보아 통일신라 후기 9세기 후반에 만들어진 것으로 추정된다.

1986년 8월 해체·복원할 때 동탑 1층 몸돌에서 사리장치가 발견되었는데 금동 사리함에 사리 1과와 청자 및

백자 등이 발견되었다. 발견된 유물은 보물 제955호로
지정되어 있다.

동탑

서탑

동화사 삼층석탑
桐華寺三層石塔

보물 제831호

소재지 **전남 순천시 별량면 대룡리 282 동화사**

이 탑은 현재 동화사 대웅전 앞에 세워져 있으며, 이
중 기단(基壇) 위에 3층 탑신(塔身)을 쌓아 올린 형태이
다. 탑신부(塔身部)는 몸돌과 지붕돌이 각각 하나의 돌로
이루어져 있고, 몸돌에는 모서리마다 우주(隅柱)가 새겨
져 있다. 지붕돌은 밑면의 층급받침이 1층은 4단, 2층과
3층은 3단으로 되어 있고 낙수면은 약간 급경사를 이루
고 있다. 윗면에는 1단의 괴임을 두어 그 위층의 부재를
받고 있다.

상륜부(相輪部)는 노반(露盤), 복발(覆鉢), 앙화(仰花),
보륜(寶輪), 보개(寶蓋), 보주(寶珠) 등이 잘 남아 있다.
전체적인 조각 수법으로 보아 고려 초기의 작품으로 추
정된다. 이 탑은 원래 기단부 상대 갑석 바로 밑 부분까
지 땅 속에 묻혀 있던 것을 1989년 해체·복원한 것이다.
복원할 당시 1층 몸돌 상면 원형 사리공에서 사리 4과와

청자 사리함, 청동 보탑 1기, 녹색 사리병 2개, 각종 보석류 등이 발견되었다. 2005년 주변 정비가 이루어졌다.

금둔사지 삼층석탑

金芚寺址三層石塔

보물 제945호

소재지 전남 순천시 낙안면 상송리 산2-1 금둔사

이 탑은 원래 무너져 있던 것을 1979년 복원하였다.
이중 기단(基壇) 위에 3층 탑신(塔身)을 올린 모습이다.

지대석은 4개의 장대석으로 결구하여 하층 기단 면석
을 받치고 있으며 탱주(撐柱)와 우주(隅柱)가 조각되어
있다. 상층 기단에는 팔부중상(八部衆像)을 도드라지게
새겨 놓았다. 탑신부(塔身部)는 몸돌과 지붕돌이 각각 한
개의 돌로 구성되어 있다. 몸돌에는 모서리마다 우주(隅
柱)를 새겼고, 1층 몸돌의 앞뒤 면에는 자물쇠가 달린 문
짝을, 양 옆면에는 공양상을 새겨 놓았다. 지붕돌은 밑면
의 층급받침이 5단씩이고, 처마는 평평하며, 낙수면은 완
만하며 귀퉁이는 올려져 있다. 네 모서리 처마 끝에는
풍탁(風鐸)을 달았던 작은 구멍이 남아 있다.

3층 지붕돌 위에는 찰주공(擦柱孔)이 보이며, 상륜부
(相輪部)는 노반(露盤) 위에 복발(覆鉢)과 앙화(仰花)가

남아 있다. 전체적인 조각 수법으로 보아 통일신라 후기 9
세기 후반에 조성된 것으로 추정된다. 2004년 보수되었다.

문비

공양상

팔부중상

중흥산성 삼층석탑

中興山城三層石塔

보물 제112호

소재지 **전남 광양시 옥룡면 운평리 산23**

이 석탑은 현재 중흥사(中興寺)에 있으며, 원래 쌍사자 석등(국보 제103호)과 함께 있었으나, 석등은 국립광주박물관으로 옮기고 석탑만이 남아 있다. 이중 기단(基壇) 위에 3층 탑신(塔身)을 올린 형태이다. 하층 기단 갑석은 5매 판석으로 조립하였고, 상층 기단 중앙에는 탱주(撑柱)를, 모서리에는 우주(隅柱)를 조각하였고, 한 면을 둘씩 나누어서 앞면에는 인왕상(仁王像), 양 측면에는 사천왕상(四天王像), 뒷면에는 보살상(菩薩像) 혹은 공양상(供養像)이 새겨져 있다.

탑신부(塔身部)는 몸돌과 지붕돌이 각각 하나의 돌로 구성되어 있으며, 각 층 몸돌에는 우주(隅柱)를 조각하였다. 1층 몸돌의 사면에는 연꽃대좌 위에 앉아 있는 여래상(如來像)을 조각하였고, 2층 이상의 몸돌은 줄어든 모습이다. 지붕돌은 밑면의 층급받침이 3단씩이고 처마 밑

은 수평을 이루고 있고 경사는 완만하다. 네 모서리 끝
에는 풍탁(風鐸)을 달았던 작은 구멍이 남아 있다.

상륜부(相輪部)는 모두 없어졌다. 전체적인 조각 수법
으로 보아 통일신라 후기 9세기 후반의 작품으로 추정되
나 고려 초기 석탑으로 보는 견해도 있다.

사방불

기단 장엄 조각

곡성 가곡리 오층석탑

谷城柯谷里五層石塔

보물 제1322호

소재지 **전남 곡성군 오산면 가곡리 2**

　이 탑은 이중 기단(基壇) 위에 5층 탑신(塔身)을 올린 모습이다. 맨 아래 바닥돌은 기단에 묻혀 있어 원래 모습을 알 수 없다.

　하층 기단에서 2단을 쌓아 올린 상층 기단에는 우주(隅柱)가 새겨져 있다. 1층 몸돌은 4매의 돌, 2층 이상의 몸돌은 1매의 돌로 이루어져 있고, 각 몸돌에는 우주(隅柱)가 조각되어 있다. 2층부터 5층까지의 몸돌 남쪽 면에는 네모난 홈으로 감실(龕室)을 표현한 것으로 보인다.

　지붕돌은 1층부터 4층까지 층급받침이 3단이고, 5층은 2단으로 되어 있다. 지붕돌 윗면의 경사는 완만하나 양 끝의 귀마루가 매우 두텁게 표현되어 백제계 양식의 특징을 보여 주고 있다. 지붕돌 위에 또 다른 돌로 몸돌 받침을 만들어 몸돌을 괴고 있어 특이하다. 모서리에는 풍탁(風鐸)을 단 것으로 보이는 작은 구멍이 있다. 5층 지붕돌의 정상에는 깊이 9㎝의 사각형 찰주공(擦柱孔)이 있다. 상륜부(相輪部)는 노반(露盤), 복발(覆鉢)이 남아 있다. 전체적인 조각 수법으로 보아 백제계 석탑의 양식을 이어받은 고려 초기의 작품으로 추정된다.

영광 신천리 삼층석탑

靈光新川里三層石塔

보물 제504호

소재지 전남 영광군 묘량면 신천리 1226

이 탑은 이흥사(利興寺)로 전하는 옛터에 남아 있다. 이중 기단(基壇) 위에 3층 탑신(塔身)을 올린 모습이다. 기단은 2개의 긴 장대석을 길게 놓고 지대석으로 삼았다. 중앙에는 탱주(撑柱)를, 모서리에는 우주(隅柱)를 조각하였다. 탑신부(塔身部)는 몸돌과 지붕돌이 각각 하나의 돌로 구성되었다. 몸돌에는 우주(隅柱)가 조각되어 있다. 지붕돌은 두텁고 낙수면은 경사가 급하며 층마다 층급받침은 4단이다.

상륜부(相輪部)는 노반(露盤), 복발(覆鉢), 보주(寶珠) 등이 남아 있다.

1995년 해체·보수할 때 땅속에 묻혀 있던 하층 기단을 드러내면서 원래의 모습을 찾았다. 해체 때 1층 몸돌 상면 사리공(舍利孔)에서 청동사리호 1점과 철제뒤꽂이 1점, 기타 보석류 등이 발견되었다.

전체적인 조각 수법으로 보아 통일신라 석탑 양식을 계승하여 조성된 고려 초기 작품으로 추정된다.

청동 사리호(국립광주박물관 소장)

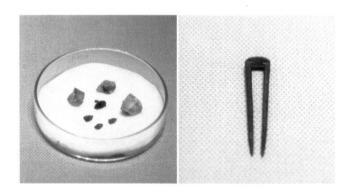

보석류와 철제뒤꽂이(국립광주박물관 소장)

담양읍 오층석탑
潭陽邑五層石塔

보물 제506호

소재지 **전남 담양군 담양읍 지침리 4**

이 탑은 단층 기단(基壇) 위에 5층 탑신(塔身)을 올린 모습이다. 기단은 다른 탑에 비하여 높이가 매우 낮고, 중석(中石)에는 우주형(隅柱形)이 있을 뿐 탱주(撐柱)는 없다. 기단 맨 윗돌의 너비가 1층 지붕돌의 너비보다 좁은 것이 특이한 양식이다.

몸돌에는 우주(隅柱)가 새겨져 있으며, 2층과 3층에는 몸돌을 받치는 별석 괴임이 있다. 지붕돌은 두껍고 처마는 경사졌으며 네 귀퉁이는 가볍게 들려 있다. 귀퉁이에는 풍탁(風鐸)을 달았던 작은 구멍이 남아 있다. 층급받침은 각 층 3단으로 새겨져 있다. 상륜부(相輪部)는 모두 없어졌다. 전체 모습은 곡성군 가곡리 오층석탑과 매우 비슷하다. 조각 수법으로 보아 부여 정림사지 오층석탑(국보 제9호)을 모방하여 만들어진 고려시대 초기 작품으로 추정된다. 2000년 8월 발굴, 조사되었고, 2005년 보수되었다.

화엄사 동오층석탑
華嚴寺 東五層石塔

보물 제132호

소재지 전남 구례군 마산면 황전리 12 화엄사

　이 탑은 화엄사 대웅전 아래 동·서로 서 있는 쌍 탑 중 동쪽에 있다. 단층 기단(基壇) 위에 5층의 탑신(塔身)을 올린 형태이다. 기단의 각 면에는 우주(隅柱)와 탱주(撑柱)가 조각되어 있다. 탑신부(塔身部)는 몸돌과 지붕돌이 각각 한 개의 돌로 이루어져 있다. 몸돌에는 모서리에 우주(隅柱)가 새겨져 있다. 1층 몸돌은 다른 층에 비해 높이가 높다. 2층 몸돌부터는 높이가 줄어들었다. 지붕돌은 평평하고 얇으며 1층과 2층의 지붕돌이 다소 다르게 표현되었고 층급받침은 각 층 4단씩이다.

　상륜부(相輪部)는 노반(露盤)과 복발(覆鉢)이 있고, 후대에 추가된 것으로 보이는 보주(寶珠)가 올려져 있다. 전체적인 조각 수법으로 보아 통일신라 후기 9세기 후반의 작품으로 추정된다.

화엄사 서오층석탑

華嚴寺西五層石塔

보물 제133호

소재지 전남 구례군 마산면 황전리 12 화엄사

이 탑은 화엄사 대웅전 아래 동·서로 서 있는 쌍 탑 중 서쪽에 있다. 동탑에는 아무런 조각이 없으나 서탑에는 장엄 조각이 있어 차이를 보이며 기단도 이중 기단(基壇) 위에 5층 탑신(塔身)을 올린 모습으로 동탑과 차이를 보인다. 하층 기단 각 면에는 안상(眼象) 안에 십이지신상(十二支神像)을 배치하였고, 상층 기단은 각 면에 탱주(撑柱)와 우주(隅柱)를 새겼다. 탱주(撑柱)를 중심으로 두 면에는 팔부신중(八部神衆)을 조각하였다. 탑신부(塔身部)는 몸돌과 지붕돌이 각각 하나의 돌로 이루어져 있고, 몸돌에는 각 층 모서리에 우주(隅柱)가 새겨져 있다. 1층 몸돌 사면에는 사천왕상(四天王像)을 조각하였다. 지붕돌은 층마다 밑면 층급받침이 5단이며 낙수면의 경사는 완만하고 처마 밑은 수평이 되게 하였다. 상륜부(相輪部)는 노반(露盤), 보주(寶珠)가 놓여 있다. 전체적인 조각 수법으로 보아 동탑과 비슷한 통일신라 후기 9세기 후반에 만들어진 것으로 추정된다. 1995년 해체·보수작업을 하던 중 탑 내부에서 백지묵서다라니경, 청동불상법, 청동방울과 장식, 철제 칼, 금속편, 수정 등 다양한 성보유물 16종 72점이 발견되어 보물 제1348호로 지정되어 있다.

사천왕상

팔부중상

십이지신상

화엄사 원통전전 사자탑
華嚴寺圓通殿前獅子塔

보물 제300호

소재지 **전남 구례군 마산면 황전리 12 화엄사**

    이 탑은 원통전 앞에 있으며 네 마리의 사자가 돌을
이고 있는 모습이다. 다른 사자 석탑들과 달리 독특한
모습이다. 보통 노주(露柱)라고 부르는데 정확히 알 수는
없으나 불가의 공양대(拱養臺)로 쓰였을 것이라는 추측
만 있을 뿐이다. 사자들은 연꽃받침 위에 앉아 연꽃이
조각된 돌을 머리에 이고 있다. 몸돌의 각 면에는 직사
각형의 테두리를 둘렀으며, 그 안에 신장상(神將像)을 얇
게 새겨 놓았다. 화엄사 사사자 삼층석탑(국보 제35호)을
모방한 것으로 보이나 조각 수법은 다소 떨어지며 양식
으로 보아 9세기에 후반에 만든 것으로 추정된다.

연곡사 삼층석탑

鷰谷寺三層石塔

보물 제151호

소재지 **전남 구례군 토지면 내동리 산54-1 연곡사**

이 탑은 삼중 기단(基壇) 위로 3층 탑신(塔身)을 올린 모습이다.

기단에는 우주(隅柱)와 탱주(撑柱)가 새겨져 있다. 탑신부(塔身部)는 몸돌과 지붕돌이 각각 하나의 돌로 구성되어 있으며, 몸돌에는 모서리마다 우주(隅柱)가 새겨져 있다. 지붕돌은 밑면의 층급받침이 4단이고 처마 밑은 수평이다. 경사도는 완만하여 경쾌한 곡선을 그린다.

상륜부(相輪部)는 후대에 추가된 것으로 보인다. 전체적인 조각 수법으로 보아 건립연대는 통일신라 말기로 추정된다. 학자에 따라 고려 초기 작품으로 추정하는 견해도 있다.

1967년 1월 3층 지붕돌 복원 공사 때 상층 기단 내의 자연 판석 위에서 동으로 만든 여래입상 1구가 발견되어 현재 동국대학교박물관에 소장되어 있다.

구례 논곡리 삼층석탑

求禮論谷里三層石塔

보물 제509호

소재지 전남 구례군 구례읍 논곡리 산51

　　이 탑은 탑선 마을에 있으며 이중 기단(基壇) 위에 3층 탑신(塔身)을 올린 형태이다. 기단은 네 모서리에 우주(隅柱)가 새겨져 있고 하층 기단은 보수되었다. 상대갑석(甲石)에는 연꽃 받침 복련(覆蓮) 위에 구부러진 선의 모양 곡선문(曲線文)과 인동문(忍冬文)이 새겨져 있는데 다른 석탑에서 볼 수 없는 특징이다.

　　탑신부(塔身部)는 몸돌과 지붕돌이 각각 한 돌로 구성되어 있고 몸돌마다 모서리에는 우주(隅柱)가 새겨져 있다. 지붕돌은 두꺼운 편이고 밑면의 층급받침은 각 4단이다. 낙수면의 경사는 급하게 시작되어 끝으로 내려올수록 완만하고 지붕돌의 네 귀퉁이는 치켜 올라가 있다.

　　상륜부(相輪部) 노반(露盤)만 남아 있다. 전체적인 조각 수법으로 보아 통일신라 후기 석탑으로 추정된다. 2006년 3월 하층 기단 발굴 및 보수되었다. 주변에는 석사자 2구와 머리 없는 석불좌상이 있다.

참고 문헌

경기도, 하남시, 『春宮理 三層石塔: 修理報告書』, 2001.

광주직할시교원연수원, 『우리고장의 文化遺蹟을 찾아』, 1994.

국립문화재연구소, 건조물연구실, 『전라남도의 석탑 Ⅲ』, 2006.

국립문화재연구소, 건조물연구실, 『전라북도의 석탑』, 2004.

김제문화원, 『김제의 문화재』, 2006.

김환대, 『한국석탑 장엄조식』, 한국학술정보(주), 2008.

김희경, 『사리구』, 대원사, 1989.

목포대학교박물관, 전라남도 강진군, 『月南寺址』, 1995.

박경식, 『탑파』, 예경, 2001.

박경식, 『한국의 석탑』, 학연문화사, 2008.

순천시, 문화재청, 『金芚寺址 三層石塔: 實測調查 및 修理 報告書』, 2004.

신호철, 김춘실 외 충북대학교박물관, 『丹陽 香山里寺址 地 表調查 報告書』, 2002.

청주대학교박물관, 『淸原 桂山里 五層石塔 地表調查 報告』, 1999.

하남시역사문화연구회 편, 『하남의 역사와 문화』, 국학자료 원, 2001.

김환대

경북 경주 출생.
대학에서 고고미술사학을 공부하고
대학원에서 역사교육을 전공하였다.
문화재청 행정모니터, 문화유적답사회장,
관광칼럼니스트, 문화재 전문 해설사 등
문화유적답사와 관련된 단체에서 활동하고 있다.
현재 삼국유사 현장기행 답사를 진행하고 있으며,
전국의 문화유적을 찾아 답사하고 있다.

저서
『신라왕릉』, 『경주의 불교문화유적』
『경주남산』, 『한국석탑 장엄조식』

김성태

경남 마산 출생.
전공과 상관없이 옛것이 좋아 답사를 다니
다가 탑의 멋에 빠져 탑을 보고 찍으러 다
닌다.
인터넷 동호회 활동을 하며 지금도 전국의
탑을 찾아 헤매고 있다.

탑파시리즈 ③ **탑**
한국의 **탑** 보물편(하)

초판인쇄 | 2009년 3월 20일
초판발행 | 2009년 3월 20일

지은이 | 김환대·김성태
펴낸이 | 채종준
펴낸곳 | 한국학술정보㈜
주 소 | 경기도 파주시 교하읍 문발리 513-5 파주출판문화정보산업단지
전 화 | 031) 908-3181(대표)
팩 스 | 031) 908-3189
홈페이지 | http://www.kstudy.com
E-mail | 출판사업부 publish@kstudy.com

등 록 | 제일산-115호(2000. 6. 19)
가 격 | 20,000원

ISBN   978-89-534-1356-6 93900 (Paper Book)
       978-89-534-1357-3 98900 (e-Book)